Cadernos
de TTO

**A avaliação do
trabalho submetida
à prova do real**
críticas aos fundamentos
da avaliação

Comitê de redação de TTO

Afonso Carlos Correa Fleury

Fausto Leopoldo Mascia

Guilherme Ary Plonski

Laerte Idal Sznelwar

Márcia Terra da Silva

Mario Sergio Salerno

Mauro Zilbovicius

Roberto Marx

Uiara Bandineli Montedo

Cadernos de TTO, n°2

Organizadores: Laerte Idal Sznelwar

Fausto Leopoldo Mascia

Autor: Christophe Dejours

www.blucher.com.br

título original:
L'évaluation du travail à l'épreuve du réel
Critiques des fondementes de l'évaluation

A edição em língua francesa foi publicada
pela Editions Quae
copyright © 2003, Inra Paris

direitos reservados
para a língua portuguesa pela
Editora Edgard Blücher Ltda.
2008

1ª reimpressão – 2011

*É proibida a reprodução total ou parcial
por quaisquer meios
sem autorização escrita da editora.*

EDITORA EDGARD BLÜCHER LTDA.
Rua Pedroso Alvarenga, 1245 – 4º andar
04531-012 – São Paulo, SP – Brasil
Tel.: (55_ 11) 3078-5366
e-mail: editora@blucher.com.br
site: www.blucher.com.br

Impresso no Brasil   Printed in Brazil

ISBN 978-85-212-0451-0

FICHA CATALOGRÁFICA

Dejours, Christophe
Cadernos de TTO, 2 – A avaliação do trabalho submetida à
prova do real / Christophe Dejours ; organizadores: Laerte Idal
Sznelwar, Fausto Leopoldo Mascia; revisão técnica científica:
Laerte Idal Sznelwar - - São Paulo: Blucher, 2008

ISBN 978-85-212-0451-0

1. Inovação tecnológicas 2. Objetivos organizacionais
3. Organização 4. Tecnologia 5. Trabalho e classes trabalhadoras
– Efeitos de inovação tecnológicas I. Sznelwar, Laerte Idal.
II. Mascia, Fausto Leopoldo III. Título.

08-01520   CDD-331.1

Índices para catálogo sistemático:

TTO: Trabalho, Tecnologia e Organização: Economia do trabalho 331.1
Trabalho, Tecnologia e Organização: TTO: Economia do trabalho 331.1

Agradecimentos

Márcia Waks Rosenfeld Sznelwar
Laís de Souza Pontes

Apresentação
da coleção

Elaborar uma coleção dirigida para temas de Tecnologia, Trabalho e Organização surgiu, como idéia, já há bastante tempo. A sua efetivação ganha corpo após a realização do 1º Seminário Internacional sobre o Futuro do Trabalho, realizado em 2004 na Escola Politécnica da Universidade de São Paulo (EPUSP).

Consolidou-se, então, a proposta de desenvolver um veículo editorial para colocar em público idéias que ajudassem a suscitar debates sobre temas tão significativos para o desenvolvimento das pessoas, das instituições e da sociedade.

O formato da coleção, pequenos volumes com três capítulos em cada, foi adotado para facilitar um fluxo de publicações que mantenha vivo esse debate no espaço público.

A idéia inicial e a organização dessa iniciativa couberam a professore(a)s e pesquisadore(a)s do Departamento de Engenharia de Produção da EPUSP. Essa coleção contará com a cooperação de pesquisador(a)s de outras unidades da USP e, também, ligado(a)s a outras instituições, no Brasil e no exterior.

Convidamos todo(a)s o(a)s interessados para desfrutar dessas leituras.

Segue uma breve apresentação do TTO

Desde os anos 1970 o, Departamento de Engenharia de Produção da Escola Politécnica da Universidade de São Paulo, vem desenvolvendo atividades de pesquisa ligadas, por um lado, à questão da organização do trabalho e, por outro, à política e gestão tecnológica.

Em 1983, foi publicado o livro "Organização do Trabalho"[1], que passou a ser referência acadêmica no assunto, relatando estudos e pesquisas realizadas, até aquele momento, por pesquisador(a)s do Departamento e outro(a)s que se interessavam pelo assunto.

A evolução da discussão dos relacionamentos entre organização e tecnologia, tendo como um dos focos o objeto analítico "trabalho", levou à constituição do grupo TTO, em 1994.

Ao longo dos anos 1980 e meados dos anos 1990 foram realizadas diversas pesquisas, em conjunto com pesquisadores do exterior, de outras áreas da USP (notadamente sociologia e administração), Unicamp e UFSCar. Essas pesquisas giraram em torno de questões

---

[1] Fleury, A. C. e Vargas, N. Organização do Trabalho. Editora Atlas, São Paulo, 1983.

ligadas ao universo da gestão de processos de produção no âmbito da empresa (formas organizacionais, Taylorismo, Fordismo, relações humanas, abordagem sóciotécnica), estabelecendo vínculos com questões de caráter mais macro (mudanças econômicas e sociais).

Nesse mesmo período foram desenvolvidas pesquisas em diversos campos ligados à política e gestão da inovação tecnológica. Um deles, com foco na inovação na engenharia, investigou temas como automação na engenharia, gerenciamento de projetos tecnológicos e engenharia simultânea. Um outro campo, com forte cooperação internacional, tratou dos arranjos interinstitucionais nos sistemas de inovação, em particular da cooperação entre empresas, universidades e institutos de pesquisa. A capacidade de articulação demonstrada acabou levando o Departamento a sediar uma rede internacional de instituições interessadas nesse tema, no âmbito do Programa Ibero-americano de Ciência e Tecnologia para o Desenvolvimento (CyTED)

Vários trabalhos realizados pelo grupo que se uniu em torno do TTO, ou em outras instituições, estavam interligados por uma preocupação com a necessidade de modernização das condições e da organização do trabalho em sentido amplo, procurando identificar experiências que pudessem superar as limitações do referencial universal taylorista-fordista até então vigente, no espaço da empresa, e, também, de modo mais abrangente, na sociedade.

No início dos anos 90, surgiram, no panorama empresarial, as técnicas japonesas de organização da produção, ao mesmo tempo em que se abria, no Brasil, um novo período social e econômico, que envolveu o processo de redemocratização do país e sua inserção no processo chamado de globalização, tanto em termos financeiros como comerciais e produtivos.

Nesse período, o TTO passou a focar questões ligadas à estrutura organizacional das instituições, às mudanças tecnológicas, à discussão de modelos de gestão, aspectos mais macro que, de uma forma ou de outra, produziram efeitos em relação ao trabalho e à inovação.

No esteio destas mudanças, o setor de serviços também passou a ser objeto de análise, dada a importância adquirida no cenário da produção e na geração de novos empregos e de novos empreendimentos, freqüentemente localizados em incubadoras de empresas.

Os sistemas locais de inovação, tais como os arranjos produtivos locais e as redes de cooperação passaram a adquirir importância crescente e, em decorrência, foram incorporados ao escopo do TTO.

O ato de trabalhar, suas conseqüências para os sujeitos e para a produção, assim como para o projeto do trabalho na produção, foi alvo de inúmeras pesquisas, com abordagens inspiradas na ergonomia, na psicodinâmica do trabalho, ou em análise organizacional.

As mudanças no cenário da produção nos últimos 20 anos trouxeram grandes desafios com relação ao entendimento dos fenômenos que direta ou indiretamente afetam o trabalho das pessoas. A consolidação do Japão como potência industrial e econômica, a disseminação de novas técnicas de organização da produção e do trabalho baseados no "modelo japonês", assim como a introdução de conceitos oriundos da denominada "produção enxuta", desenvolvida no MIT (Massachusetts Institute of Technology), criaram novos referenciais para as empresas, que impulsionaram mudanças significativas nas suas práticas de organização e gestão.

Esses referenciais novos adotados nas empresas trouxeram importantes questões para a academia. Dentre elas, destaca-se o debate sobre a eventual ruptura que, na sua essência, esses novos modelos representariam com a até então hegemônica, tradição taylorista-fordista. Se o modelo taylorista-fordista estava fortemente baseado em estudos do trabalho, como esses novos paradigmas tratariam esta questão, este ainda seria considerado como um dos pilares da produção, e portanto, determinado a partir de novos conceitos? Seria a evolução do cenário da produção uma conseqüência esperada do modelo taylorista-fordista, onde as novas maneiras de organizar, junto com a introdução ampla de mecanismos automatizados, traria finalmente uma redução drástica da dependência da produção com relação ao trabalho humano?

Além disso, o mundo econômico e social passou por profundas transformações, que afetaram o modo como se trabalha e como se organiza o trabalho em todas as partes do globo. Sem entrar nas diferentes análises de seus impactos, é possível apontar o expressivo aumento das transações comerciais internacionais, das transações financeiras e da mobilidade e liquidez do capital, o crescimento das atividades de serviços – crescimento motivado pelo aparecimento de negócios antes inexistentes ou pela dissociação de atividades anteriormente executadas por empresas industriais, agora executadas por empresas especialistas no serviço - o surgimento de atividades e cargos de maior "conteúdo intelectual" – mas não necessariamente gerenciais dentre outros, como fenômenos que afetaram profundamente o campo do trabalho.

Outro aspecto relevante da mudança é a consolidação do empreendorismo inovador, evidenciado pelo crescimento exponencial dos hábitats de inovação. Já são seis mil empresas residentes ou graduadas das quase quatrocentas incubadoras e diversos parques tecnológicos, envolvendo quase trinta mil postos de trabalho, geralmente de elevada qualidade.

A pesquisa na área identificou estes fenômenos e outros a eles associados (o volume de terceirização, a reorganização de cadeias produtivas, a entrada em cena de países antes isolados da economia global, como a China, a Índia e o sudeste da Ásia), passando a tomá-los como objetos de pesquisa, para compreender seus impactos nas organizações e no trabalho.

Em paralelo a este fato, observa-se o desenvolvimento de pesquisas em áreas do conhecimento onde o objeto trabalho é a sua finalidade central, senão única. Destacamos as pesquisas em ergonomia, em psicodinâmica do trabalho e, na sociologia do trabalho. Apesar de serem diferentes na maneira de olhar e nas ações propostas, a questão central é a mesma. Os diferentes resultados obtidos podem ser considerados como pontos de vista diferentes sobre o mesmo objeto, fato que permite a existência de uma quantidade significativa de dados sobre as conseqüências do trabalhar e, também a elaboração de propostas transformadoras.

Entretanto, se o trabalho deixa de ser foco nas áreas de conhecimento da produção, da organização e da gestão das empresas, não haveria o risco de aprofundamento da cisão entre as disciplinas? Como conseqüência se as questões do trabalho estariam relegadas a áreas de conhecimento não diretamente envolvidas com os processos de projeto e planejamento nas empresas, haveria uma maior dificuldade para que os responsáveis por estas, incorporassem seus conceitos na sua prática? Ou, por outro lado, estaríamos em pleno processo de introdução de novas práticas em que estes processos de decisão estariam respaldados por pontos de vistas de englobariam uma crescente interdisciplinaridade?

Quais paradigmas serão cada vez mais presentes para projetos que envolvam questões organizacionais, o conteúdo do trabalho, as ferramentas de produção e de gestão e os processos de inovação tecnológica? Qual será o espaço que nossas instituições públicas e privadas vão ocupar no cenário econômico e na oferta de trabalho e no estímulo ao empreendedorismo inovador nos anos vindouros? Como se articularão os sistemas nacional e locais de inovação?

A comunidade acadêmica pode contribuir para o debate e ajudar na construção de processos melhores de desenvolvimento da inovação tecnológica, da produção, do trabalho da saúde e da competência dos trabalhos e assim como o da sociedade. Esta é a principal finalidade da coleção ora apresentada.

Afonso Carlos Correa Fleury

Fausto Leopoldo Mascia

Guilherme Ary Plonski

Laerte Idal Sznelwar

Márcia Terra da Silva

Mario Sergio Salerno

Mauro Zilbovicius

Roberto Marx

Uiara Bandineli Montedo

Prefácio à edição Francesa

A questão da avaliação ou do controle de qualidade tornou-se onipresente na maioria das organizações, sejam elas do setor produtivo ou administrativo. Apesar da dificuldade dessa tarefa, as próprias instituições de pesquisa não conseguem mais escapar dela. Se o princípio da avaliação não é praticamente contestado, e se ela é até considerada indispensável, sua aplicação recebe muitas críticas.

Há alguns anos, Pierre Bourdieu, na conferência organizada pelo grupo Sciences en Questions, cujo tema era "Os Usos Sociais da Ciência" (BOURDIEU, 1997, 2004), abordou de maneira incidente a questão da avaliação dos pesquisadores. Sua intervenção foi a de um cientista social, expressando-se, sem rodeios, da seguinte maneira:

> Se penso que medidas administrativas visando melhorar a avaliação da pesquisa e implantar um sistema

de sanções próprias para favorecer as melhores pesquisas e os melhores pesquisadores seriam, quando muito, ineficazes, e que, mais provavelmente, teriam como efeito favorecer ou reforçar as disfunções que pretendem reduzir, tenho sérias dúvidas, fortemente embasadas, a respeito da capacidade das instâncias administrativas de produzir avaliações realmente objetivas e claras. E isso porque a real finalidade de suas operações de avaliação não é a avaliação em si, mas o poder que esta permite exercer e acumular, controlando a reprodução corporativa, principalmente mediante a composição das bancas.

E prosseguiu com esta observação crítica:

É notável que esses responsáveis, que falam o tempo todo em critérios de avaliação, qualidade científica, valor do dossiê científico, que se precipitam com sofreguidão sobre os métodos cientométricos ou bibliométricos, que são ávidos por auditorias imparciais e objetivas sobre o rendimento científico das instituições científicas isentam-se de qualquer avaliação e protegem-se contra tudo o que poderia levar à inclusão em suas práticas administrativas dos procedimentos cuja aplicação preconizam com tanta generosidade.

Não nos deixemos enganar, porém. Longe de recusar a avaliação, Pierre Bourdieu propunha o contrário: estendê-la, mas aos próprios avaliadores, para que fosse feita por pesquisadores com qualidades específicas para realizá-la, pesquisadores que saberiam ajudar e não punir as pessoas avaliadas, que saberiam treinar e estimular os profissionais em vez de desencorajá-los e desmoralizá-los.

Embora esse diagnóstico não estivesse relacionado especificamente ao INRA (Institut National de Recherche Agronomique), mas de maneira mais geral à pesquisa pública, muitos pesquisadores de nossa instituição se reconheceram nele, em maior ou menor grau. Todos os organismos públicos de pesquisa enfrentam este problema: as intermináveis sessões de avaliação, mais ou menos formais, que mobilizam um grande número de pesquisadores e avaliadores. E estes últimos encontram grande dificuldade em formar uma opinião sobre o valor da pesquisa empreendida e do pesquisador que a ela se dedica. Isso porque os avaliadores têm pela frente a análise das inevitáveis pilhas de dossiês que foram cuidadosamente preparados por pesquisadores. Então, as dificuldades seriam ler tudo, pois os dossiês são volumosos, e avaliar pessoas que estão distantes deles. Assim, diante desse quadro, como construir uma opinião sobre o valor da pesquisa desenvolvida e sobre o pesquisador que a ela se dedica?

Esse problema é mais do que nunca atual. E é por isso que nos pareceu útil tratá-lo hoje mais especificamente, mas a partir de um outro ponto de vista: o da psicologia do trabalho. Assim, propomos aqui tratar a difícil questão da avaliação do trabalho de maneira mais geral, sem fixarmo-nos unicamente na problemática da pesquisa.

Para falar desse tema, estamos felizes por Cristophe Dejours, um dos raros especialistas na área, ter aceitado compartilhar conosco suas reflexões, baseadas em uma longa experiência no assunto e, em particular, em um número importante de pesquisas realizadas em contextos de trabalho bastante diversos. Doutor em medicina, psicanalista, professor titular da cadeira de psicologia do trabalho desde 1990 e diretor do Laboratoire de Psichologie du Travail et de l'Action do CNAM (Conservatoire National des Arts et Meteirs), Cristophe Dejours também é autor de livros[1] que já são considerados clássicos: *A loucura do trabalho*, *O fator humano*, e mais recentemente, *A banalização da injustiça social*. Esse profissional nos pareceu, portanto, competente para retomar em detalhes a questão da avaliação, bem como para nos levar a refletir sobre as múltiplas variáveis que intervêm nos processos de trabalho e, conseqüentemente, na interpretação dos que o avaliam.

Não me proponho a apresentar em alguns minutos os numerosos trabalhos realizados por Cristophe Dejours. No entanto, gostaria de indicar três temas recorrentes em suas pesquisas, pois interferem diretamente na questão da avaliação que estamos tratando aqui.

O primeiro é o da discordância que existe entre duas modalidades de descrição do trabalho: a que provém dos gestores e dos economistas e que se apóia numa abordagem objetivista e macroscópica; e a que provém dos próprios trabalhadores, bem como dos pesquisadores em ciências humanas do trabalho, e que se apóia em uma abordagem compreensiva e intersubjetiva. Em outras palavras: existe uma discrepância entre a organização do trabalho que é prescrita e a real, com suas adaptações, arranjos, "*bricolagens*", artimanhas etc. Os bloqueios provocados pelas operações padrão e pela aplicação mecânica e irrepreensível das instruções mostram que o trabalho, qualquer que seja ele, nunca é pura execução. Desse modo, existe uma diferença entre o oficial e o real;

---

[1] Ver referências no fim deste livro.

entre, por exemplo, a qualidade impecável dos dossiês de candidatura ou de promoção e a realidade das pesquisas realizadas ou em andamento.

O segundo tema sobre o qual Cristophe Dejours escreveu textos esclarecedores é o da "mentira instituída" – retomando o título de um dos capítulos do seu livro *A banalização da injustiça social*. Por meio desse trabalho ele mostra como a discrepância entre o real e o oficial é gerido pelos atores através de estratégias de mentira que apenas enganam os que têm interesse em ser enganados, e de estratégias de apresentação das pessoas ou dos laboratórios que praticam a deformação publicitária, as fórmulas prontas, a valorização hiperbólica etc. Mesmo hoje, no setor de pesquisa, a lógica da comunicação da empresa está atuando, pois dissimular a realidade só pode levar, com o tempo, a disfunções maiores.

O terceiro e último tema é o da individualização crescente do controle no âmbito coletivo do trabalho, visto que este possui, sem dúvida, uma dimensão individual, apesar de também se inserir nos ambientes coletivos, nos grupos de produção, e de dever muito a eles. Melhor dizendo: o produto final do trabalho é de fato um produto coletivo, uma vez que pertence ao grupo de produção, ao ateliê, ao laboratório, com suas práticas solidárias e trocas; pertence também ao apoio dos colegas em caso de problemas ou de quebra de ritmo etc. A avaliação individual tende a destruir a solidariedade local, bem como transformar cada um, quando se trata de promoção ou de demissão, em concorrente de todos os outros.

Cristophe Dejours estuda há muito tempo a evolução que vem ocorrendo progressivamente na organização do trabalho, isto é, o abandono do taylorismo pelos imperativos de competitividade e concorrência, doravante exigidos pelo sistema neoliberal, fato que é explicitamente mencionado em seus textos.

Embora o setor público, por enquanto, ainda escape da precarização dos empregos, fonte importante das pressões que se fazem sentir sobre os trabalhadores, principalmente pelo medo do desemprego que engendra, fazem-se cada vez mais presentes, sob as mais diversas formas, os mesmos modos de avaliação utilizados no setor privado. É por isso que os exemplos que serão aqui analisados, apesar de não estarem ligados especificamente ao nosso setor, também nos dizem respeito, pois a separação entre o privado e o público está cada vez menos estanque, como foi mostrado em outras conferências realizadas pelo Sciences en Questions.

Em se tratando da avaliação da pesquisa, como escapar dos dois obstáculos maiores que são, por um lado, o que eu chamaria de "o efeito Prêmio Goncourt" e, por outro, seguindo os passos do sociólogo Erwin Goffman, o que poderíamos chamar de "o paradigma do acrobata de circo"?

Originalmente, o efeito Prêmio Goncourt, que deveria recompensar um jovem romancista inovador, engendrou uma literatura própria. Vemos então surgir estratégias mais ou menos cínicas de hiper-adaptação individual aos critérios de avaliação, e isso, em especial, quando a avaliação visa punir em vez de fazer que as coisas simplesmente ocorram da melhor maneira possível nos grupos de trabalho.

No paradigma do acrobata de circo, como bem se sabe, o artista é obrigado a gastar tanta energia para fazer o público acreditar na dificuldade do que faz quanto para, de fato, fazer o que faz. O retumbar dos tambores é a prova. Tal prática ocorre igualmente no campo da pesquisa. Para utilizar apenas um exemplo, todos que trabalharam nos contratos de pesquisa europeus sabem do que se trata: os intermináveis formulários para preencher, a multiplicidade de pré-relatórios para entregar etc., em suma, todo um conjunto de tarefas que pesa sobre o trabalho de pesquisa propriamente dito.

Patrick Champagne
Diretor de pesquisa do INRA

Prefácio à edição Brasileira

A proposta de uma edição brasileira deste texto de Christophe Dejours é fruto, em primeiro lugar, de uma continuidade, uma vez que grande parte de suas obras tem sido traduzidas para o português, fato que vem contribuindo de maneira significativa para o debate sobre o trabalho em nosso país e inspirando diferentes tipos de ação no espaço público, para favorecer a apropriação, por aqueles que trabalham, do sentido do seu trabalho. Este fato que pode vir a ser um motor de transformações tão necessárias para que o trabalhar seja, realmente, um mecanismo de realização do indivíduo, e não de sofrimento patogênico. Porém, este livro traz um tema que ainda não havia sido tratado de maneira tão clara e contundente nas obras publicadas em português: a questão da avaliação.

Ser avaliado e avaliar faz parte da vida de todos. A própria constituição da psiquê humana é fruto de como fomos avaliados e de como passamos a avaliar os que conosco se relacionam. Portanto, como fica claro neste livro a questão não seria eliminar os processos de avaliação, mas aperfeiçoá-los. Para tanto, talvez fosse necessário que houvesse mais clareza; que se pudesse debater, nas mais diferentes instâncias, os pressupostos, os objetivos e o que se espera dos avaliadores. Aliás, estes também são avaliados por alguém e há sérios riscos de que haja distorções significativas no que diz respeito à compreensão em relação àquilo que se espera de uma avaliação.

Ainda é notório o risco que existe de os processos de avaliação serem utilizados em jogos de poder, de modo a perpetuar ações mesquinhas e manter uma proposta autoritária ultrapassada. Tais processos seriam, ainda, usados por diferentes atores para ações dissonantes com objetivos mais nobres em empresas e instituições. De qualquer maneira, como já foi alertado pelo próprio autor em outros livros, como em Banalização da injustiça social, e como é retomado agora neste texto, a avaliação pode ser uma ferramenta coerente com propósitos neoliberais, para os quais o trabalho seria um elemento menor, de pouca valia para o resultado da produção.

Apesar do discurso, muitas vezes apregoado, no qual as pessoas são a parte mais importante das empresas, na realidade, muitas vezes, os projetos do trabalho e da produção são concebidos a partir de pontos de vista que tenderiam a considerar o trabalho algo desprovido de sentido, simples, banal e facilmente reproduzível. Coerente com esta visão, se conheceria bem o que as pessoas fazem, os procedimentos permitiriam que qualquer uma faça e que portanto seria factível avaliar bem o trabalho a partir daquilo que é previsto pela empresa.

Há também o risco de que, nos diferentes processos de avaliação, estejamos diante de situações nas quais, de fato, o que está em jogo são os mecanismos defensivos. Isso porque, em uma relação na qual o poder está sendo exercido de maneira mais ou menos evidente, há pouco ou nenhum espaço para que se constitua uma verdadeira troca.

Não há garantias que se possa distinguir um processo de avaliação que foi proposto para ajudar os diferentes sujeitos a aprimorar o seu trabalho dos processos que são instituídos para punir, uma vez que o indivíduo não se enquadra nas regras propostas por uma determinada hierarquia. Fica a questão de que o ato de se enquadrar a determinadas regras significa, muitas vezes, consentir em participar, em agir em desacordo com pressupostos ético-morais. Outras vezes seria o contrário, talvez mudar determinadas condutas, seria muito útil tanto para o sujeito como para os resultados sociais de suas ações.

Acreditamos que com essa reflexão fique mais evidente quão difícil é avaliar, fato que aumenta e muito a responsabilidade de todos, pois como dito anteriormente, a avaliação é intrínseca à vida em sociedade, à condição gregária do ser humano.

Propomos ainda dar relevo a outra questão trazida pelo autor: Afinal de contas, o que se busca avaliar nas empresas? Seria o resultado das ações? O comportamento das pessoas? A conformidade com os procedimentos? Ou alguma outra coisa? Qualquer que seja o processo de avaliação, pode haver muita confusão em relação aos seus propósitos. Confusão que pode servir para que se cometa ainda mais injustiças, pois além de haver muita dificuldade de avaliar o trabalho, também é muito fácil haver derrapagens para que se avalie o indivíduo e não o que ele faz. É evidente que isso é muito mais um alerta para evitar que o escopo da avaliação fuja dos propósitos do trabalho e da produção e penetre na intimidade das pessoas.

Também é importante ressaltar, como já foi bem demonstrado em vários estudos e ações de psicodinâmica do trabalho e de ergonomia, que este é visível apenas em parte. Assim, é crucial, como preconizado neste texto de Dejours, ressaltar que não se está buscando tudo ver, tudo entender, tudo colocar em evidência, até porque isso é impossível. Afinal, como o próprio autor afirma, o fato de sonhar com algum aspecto do trabalho, e conseguir, a partir de então, resolver um dilema, seria ou não trabalhar? Tudo isso não invalida o esforço para que se coloque cada vez mais em evidência no espaço público as ações do trabalhar, pois através de processos de deliberação pode-se chegar a compromissos mais eqüitativos e ajudar a conceber sistemas e ferramentas de produção que facilitem o trabalho humano.

Avaliar o trabalho, como propõe o autor, seria muito mais um julgamento, no sentido dos valores que temos e da maneira como a ação de outrem pode ser julgada como útil ou estando em conformidade a determinadas regras. Já aqui podemos reforçar a idéia de que a conformidade com as regras é uma questão muito sensível, uma vez que, como ressaltado no texto, freqüentemente é necessário que tais regras sejam desrespeitadas para que se chegue a resultados mais convenientes no trabalho. Isso porque regras impostas não seriam condizentes com as possibilidades de executar bem um determinado trabalho e que seria necessário se recriar regras mais condizentes com critérios de beleza, mais próximos do estado da arte da profissão.

Portanto, acreditamos que esta leitura será muito útil, uma vez que permitirá a todos nós, que sempre estaremos na posição de avaliadores e de avaliados, uma reflexão mais profunda sobre o risco da banalização desse papel, bem como um aprimoramento de nossas ações. Ainda, os pensamentos de Dejours serão muito úteis para o desenvolvimento de debates no âmbito das mais variadas instituições, debates que podem redundar em transformações significativas no que diz respeito ao conteúdo e às relações de trabalho.

Boa leitura e boas avaliações.

Laerte Idal Sznelwar
Fausto Leopoldo Mascia

Sumário

A avaliação do trabalho submetida à prova do real 31

Avaliação: Uma problemática hesitante 33
A avaliação do trabalho relacionada com o tempo de trabalho 34
A avaliação do trabalho e as "novas tecnologias" 36
O que é trabalhar? 38
O real do trabalho 38
Discrição, segredo e clandestinidade 40
Os desafios estratégicos (a racionalidade estratégica) ... 44
O déficit semiótico e a dominação simbólica 45
Descrição subjetiva do trabalho e saber-fazer corporal ... 47
As estratégias de defesa contra o sofrimento 50

Tornar visível o invisível? 53
A arena dramatúrgica 53

A invisibilidade do trabalho das mulheres.................................55

Metodologia de avaliação.................................58

A avaliação: novos desafios, novas doutrinas.................................60

    As atividades de serviços/novas dificuldades.................................60

    A avaliação dos desempenhos.................................62

    A avaliação pelo tempo de trabalho.................................64

    A avaliação das competências.................................65

    A avaliação da qualidade.................................68

Um impensado da perícia: o trabalho do perito.................................70

Avaliação, quer goste ou não!.................................75

Os estragos da avaliação.................................77

    Conseqüências industriais e econômicas.................................77

    Conseqüências para a saúde dos trabalhadores.................................79

Repensar a avaliação.................................82

A demanda da avaliação.................................82

Conclusão.................................88

Discussão.................................**91**

Referências Bibliográficas.................................**119**

Para saber mais.................................*125*

A avaliação do trabalho submetida à prova do real
críticas aos fundamentos da avaliação

Christophe Dejours

Conferência–debate organizada pelo grupo
Scences en Questions
Institut National de Recherche Agronomique
Paris, 20 de março de 2003
Texto redigido pelo autor com a colaboração de
Isabelle Savini a partir da gravação da conferência.
Edição de Patricia Perrot

A avaliação: uma problemática hesitante

Contrariamente ao costume acadêmico, não abordarei o tema de minha apresentação pela análise lexical ou semântica da palavra *avaliação*. A dificuldade, até mesmo a dimensão trágica, da questão que gostaria de levantar aqui, impõe uma mudança no procedimento intelectual. Assim, somente no fim de minha exposição é que poderei tratar das questões colocadas pela definição da palavra avaliação.

No término de um trabalho, a avaliação é geralmente considerada uma operação óbvia, vista por qualquer ser sensato como legítima e desejável. Esquivar-se de tal procedimento é uma atitude suspeita, que dissimularia um pacto inconfessável com o obscurantismo ou a intenção culposa de proteger um segredo sobre a mediocridade, eventualmente sobre a fraude, dos trabalhadores envolvidos. No entanto, existem há muito tempo razões para adotar, diante dessa questão, uma posição mais circunspecta.

A avaliação do trabalho relacionada com o tempo de trabalho

De fato, já faz muito tempo que a avaliação do trabalho é fonte de controvérsias. No século XVIII, ela é discutida em textos que estão na origem da economia: Como avaliar o valor relativo das mercadorias? Segundo quais princípios determinar os preços relativos das mercadorias em um mercado de concorrência? Para os economistas clássicos, a partir de Adam Smith, a teoria dita objetiva do valor se baseia no trabalho. Cito, aqui, o próprio Smith em *A riqueza das nações* (1776):

> O homem é rico ou pobre segundo a quantidade de [...] trabalho que ele pode se permitir comprar. O valor de toda mercadoria para a pessoa que a possui [...] é portanto igual à quantidade de trabalho que esta lhe permite comprar ou comandar. [...] O trabalho é a medida real do valor de troca de todas as mercadorias.

Na análise do valor, portanto, é ao trabalho que é atribuída a função de modelo padrão. Que seja! Mas como medir o próprio trabalho para fazer dele um modelo padrão?

Acho importante ressaltar que em seus escritos filosóficos Marx já sustentava que o trabalho não pode ser medido, pois provém de uma experiência subjetiva e fundamentalmente incomensurável. E é na ausência de outra possibilidade que se passa da avaliação do *trabalho* à avaliação do *tempo de trabalho*, e que as duas dimensões passam a ser consideradas equivalentes.

Esse compromisso, embora contestável, é aceitável enquanto o tempo de trabalho é uma referência comum e plausível a todos os trabalhadores: o tempo do ateliê, da manufatura, da fábrica, da usina e, mais tarde, o tempo da linha de montagem, dos movimentos, das cadências etc., ou seja, o tempo da produção industrial de mercadorias. Mas esse compromisso não deixa de ser inadequado, pois o tempo de trabalho mede apenas a duração do esforço, não retrata em absoluto sua intensidade, qualidade ou conteúdo.

"Adam Smith coloca o trabalho no fundamento da economia política", comenta o filósofo Michel Henry (1996), "mas não se interroga sobre o ser do trabalho, sobre a própria essência da produção". E é esse impensado que podemos encontrar ainda hoje não somente entre os economistas, mas, acredito, entre os defensores mais entusiastas da avaliação do trabalho. A intensidade do esforço é, no entanto, altamente variável para um mesmo trabalho, conforme este é realizado por um homem, uma mulher ou uma criança, segundo o tamanho, a corpulência, o estado de saúde, a idade, as condições de recuperação etc. de cada um. Todavia, a intensidade não é a única dimensão que deve ser levada em consideração com o tempo de trabalho. Há também a dimensão qualitativa do esforço com, em seu centro, o sofrimento e seus destinos no trabalho. Para um mesmo tempo de trabalho, uma pessoa estará descobrindo uma sensação de alegria e prazer em troca do seu sofrimento (o engenheiro, por exemplo), enquanto outra terá apenas frustração em troca do seu sofrimento (como o operário que ganha por produção). As conseqüências do sofrimento sobre a saúde, ou seja, as conseqüências da dimensão qualitativa do esforço, podem ser bastante diferentes de um indivíduo para outro.

Será preciso esperar pelo surgimento da ergonomia – quer dizer, dois séculos, se contarmos a partir dos trabalhos de Adam Smith – nos anos 1960 para que as discordâncias na avaliação do trabalho em relação às características fisiológicas de cada trabalhador fossem retomadas conceitualmente. Penso em particular nas pesquisas realizadas em torno de Alain Wisner (WISNER, 1986; MONOD e LILLE, 1976) sobre a avaliação da *carga de trabalho*, cujo conceito demonstra as características individuais e singulares do esforço, que se opõe ao conceito de *tarefa*, que, por sua vez, indica o resultado material do esforço em termos de produção. A carga de trabalho remete ao homem – à mulher eventualmente –; já a tarefa remete à materialidade do trabalho.

Ainda não ultrapassamos, nos anos 1960-1970, a análise e a avaliação do trabalho em um universo no qual o modelo de referência é, para os pesquisadores, a produção industrial de massa, tendo como centro a linha de montagem automotiva fordiana. Penso em particular nos trabalhos de Robert Linhart (1976) e de Benjamin Coriat (1979), que tiveram um papel importante na minha própria formação.

A avaliação do trabalho e as "novas tecnologias"

A crise teórica da avaliação se torna patente com o crescimento do que era chamado, nos anos 1970, de as "novas tecnologias": robotização e indústrias de "processo", como as indústrias químicas, as fábricas de cimento e, mais tarde, as usinas nucleares. Trabalhar é, nesse caso, administrar o imprevisto, prevenir os acidentes, as disfunções, as panes, os acidentes industriais. Mas como caracterizar o esforço na condução dos métodos empregados? À sombra da condução dos autômatos também surgem novas tarefas, novos ofícios, em particular os de manutenção, que, por sua vez, fazem emergir problemas muito sérios de análise do trabalho e avaliação.

Mais uma vez o problema é deslocado para a questão da avaliação: O que é, afinal, esse trabalho que deve ser avaliado? A importância do trabalho intelectual e dos processos cognitivos envolvidos na atividade desestabiliza profundamente a equação entre o trabalho como esforço e o tempo de trabalho, uma vez que o esforço é descontínuo e a carga física é, agora, acompanhada de uma carga mental, até mesmo, como foi afirmado durante certo tempo, de uma carga psíquica (ambas muito difíceis de caracterizar).

Torna-se necessário, então, voltar a campo para auscultar, observar, estudar, analisar o trabalho. Mas também é preciso repensar as modalidades da investigação, pois quanto mais se busca apreender a especificidade do esforço envolvido, mais é necessário penetrar na vivência do indivíduo que trabalha. O essencial do que se busca avaliar *escapa à observação direta*. Assim, para acessá-lo, é preciso recorrer a métodos oriundos da clínica, pois as dimensões psíquicas e intelectuais do trabalho residem na experiência, no registro da vivência, no que também é chamado de *experiência subjetiva do trabalho*.

O que é trabalhar?

Para apreender as dificuldades da avaliação, é preciso desviar-nos do assunto e esboçar o que consiste essa famosa experiência do trabalho: o "trabalhar". Fala-se do trabalhar como se fala de *comer* ou *beber*,[1] para reunir tudo o que está envolvido em um agir: um ato orientado para um objetivo de produção incluindo os pensamentos que são indissociáveis dele. A característica maior do "trabalhar" é que, mesmo que o trabalho seja bem concebido, a organização do trabalho rigorosa, as determinações e os procedimentos claros, é impossível alcançar a qualidade respeitando escrupulosamente as prescrições.

O real do trabalho

As situações de trabalho comuns são submetidas a eventos inesperados, panes, incidentes, anomalias de funcionamento, incoerências organizacionais, imprevistos provenientes tanto da matéria, das ferramentas e das máquinas quanto dos outros trabalhadores, dos colegas, chefes, subordinados, equipe, hierarquia, e até dos clientes. É preciso admitir: não existe trabalho de execução. De fato, sempre ocorre uma discrepância entre o prescrito e a realidade da situação. Tal discrepância entre o prescrito e o efetivo se encontra em todos os níveis da análise entre tarefa e atividade, como vários autores mostraram, em particular Daniellou (DANIELLOU, TEIGER, DESSORS, 1988; LAVILLE, DURAFFOURG, 1973).

---

[1] Forma substantivada em francês, *le manger* e *le boire*, ou seja, *o comer* e *o beber*. [N. T.]

Outros, em especial Jean-Daniel Reynaud (1989), sempre analisaram essa discrepância entre o que é chamado organização formal e informal do trabalho.

Trabalhar é preencher o espaço entre o prescrito e o efetivo. Ora, o que é preciso ser feito para preencher esse espaço não pode ser previsto de antemão. O caminho a percorrer entre o prescrito e o real deve ser inventado ou descoberto a cada vez pelo sujeito que trabalha. Assim, para o clínico do trabalho, *este se define como o que o sujeito dever acrescentar ao que foi prescrito para poder alcançar os objetivos que lhe foram atribuídos.* Ou ainda: o que ele deve acrescentar por decisão própria para enfrentar o que não funciona quando ele se limita escrupulosamente à execução das prescrições.

De que maneira, então, se dá a conhecer, ao sujeito que trabalha, essa discrepância irredutível entre a realidade de um lado, e as previsões, prescrições e procedimentos do outro? Meu ponto de vista, que bem pode não agradá-los, é que é sempre na forma do *fracasso*. O real se dá a conhecer ao sujeito por sua *resistência* aos procedimentos, ao *saber-fazer*, à técnica, ao conhecimento, ou seja, colocando em xeque a maestria. Trabalhar é fracassar. O mundo real resiste. Ele obriga o sujeito a enfrentar o fracasso, de onde surge um sentimento de impotência, até mesmo de irritação, cólera ou, ainda, de decepção ou desânimo. E aí se encontra a essência do trabalho da qual falava Michel Henry ou, em todo caso, a interpretação que faço dela: o real se dá a conhecer ao sujeito por um efeito de surpresa desagradável, ou seja, de um modo afetivo. Isto vai desagradá-los ainda mais: é sempre *afetivamente* que o real do mundo se revela ao sujeito.

Discrição, segredo e clandestinidade

Trabalhar supõe, portanto, *nolens volens*, passar por caminhos que se afastam das prescrições. Como quase sempre essas prescrições têm um caráter normativo, trabalhar bem é sempre cometer infrações. Se os superiores forem bem-intencionados, elogiarão esses *excursus* e falarão de senso de iniciativa, capacidade de inovação, *saber-fazer*. Mas se forem mal-intencionados e meio predispostos a um estilo de comando disciplinador, falarão de infrações aos procedimentos, até mesmo de transgressões. E se a organização em sua totalidade aferrar-se a posições regulamentares em nome da segurança ou da qualidade, os que trabalham serão objeto de uma vigilância minuciosa, como na condução de trens, na manutenção e na condução de usinas termonucleares, na gestão da segurança na construção civil e em obras públicas, até mesmo fora da indústria, em um relatório de atividades ou em um relatório contábil de banco ou de fisco etc. Trabalhar convenientemente nessas condições torna-se, às vezes, muito difícil. A administração dos impostos é, desse ponto de vista, interessante. O fiscal que trabalha bem freqüentemente deve se resignar de artimanhas, caso contrário, os impostos não são coletados. Aliás, de fato, os impostos não são muito bem coletados porque justamente o respeito escrupuloso às regras, aos procedimentos e à lei acaba atrapalhando a luta conta a fraude fiscal dos contribuintes e das empresas.

Na indústria nuclear, em especial nas usinas, os procedimentos são chamados de "conjuntos", definidos para cada operação. Quando se tenta levar em conta todos os constrangimentos, todas as regras de segurança, todas as medidas regulamentares, esses "conjuntos" se tornam simplesmente inaplicáveis. Nas primeiras pesquisas em clinica do trabalho que realizamos na manutenção da indústria nuclear, descobrimos que os técnicos de manutenção, para poder trabalhar, consideravam que eram constantemente obrigados a "fraudar", termo bastante insólito, uma vez que fraude denota a vontade desonesta de agir contra o interesse de terceiros. Obviamente, esse não era o caso desses profissionais, que, ao contrário, esforçavam-se para fazer o melhor. No entanto, eles pensavam que fraudavam. Vale observar, aliás, que a convicção de fraudar, além do mais contra a própria vontade, tem boas chances de desnaturar a relação com o trabalho do ponto de vista do valor — já que estamos no campo da "avaliação". No valor atribuído ao trabalho e na avaliação da contribuição dada pelos técnicos à produção, a noção de fraude tende a levar a uma avaliação pejorativa e, de fato, toda a atividade de trabalho se desenvolvia constantemente sob o signo da ameaça da punição.

Pode-se aqui perceber o paradoxo: para bem fazer é preciso infringir. Mas no caso de um incidente, é a própria boa vontade do agente* que se volta contra ele, uma vez que será inevitavelmente acusado de não respeitar os regulamentos, as prescrições — ou os "conjuntos de procedimentos". É por isso, aliás, que em caso de incidente ou acidente, nunca haverá dificuldade para colocar em evidência as falhas na execução das prescrições. E certamente estas serão interpretadas como signos patentes de incompetência, desdém, inconseqüência, indisciplina ou erro humano. É só escolher! Mas a causa é conhecida antecipadamente, pois a

---

*   Agente seria o trabalhador, aquele que atua, no sentido do agir (N. T)

infração faz parte do trabalho bem-feito. Inútil, portanto, constituir comissões de inquérito, uma vez que sempre haverá mais culpados do que é preciso para obter uma condenação. Trata-se de um exemplo típico, freqüente e dramático, para os acusados, da aberração de muitas avaliações realizadas por comissões de peritos. Mas ao levar em conta essas características do trabalho comum, compreende-se que trabalhar bem pressupõe, para o agente, assumir riscos, inclusive os de uma punição.

Por que insistir tanto nas artimanhas inerentes ao trabalho bem-feito? Por duas razões, principalmente:

⇒ Se os trabalhadores, sejam eles operários, empregados de escritório, gerentes ou servidores públicos, deixassem de repente de usar artimanhas, provocariam uma pane no ateliê, na administração, na empresa ou no Estado. No caso do setor nuclear, isso se manifesta da seguinte maneira: cada vez que um técnico não pode respeitar o "conjunto de procedimentos", ele pára de trabalhar, redige uma nota sobre a situação, manda-a ao engenheiro e espera até que este assine um documento que o autorize a infringir os regulamentos. Algumas horas desse joguinho submerge o engenheiro em uma massa de documentos impossíveis de gerir; além disso, é ele, agora, que se encontra sozinho e em permanente infração, o que é simplesmente insustentável. Enfim, o ritmo do trabalho pode diminuir de maneira tão absurda que, mais cedo ou mais tarde, esse engenheiro será punido por incompetência. Respeitar escrupulosamente as prescrições não é outra coisa senão realizar uma operação padrão (ou seja, em francês, uma grève du zèle), e a produção pára. Trabalhar, ao contrário, é agir com zelo; no caso, é procurar ajustar as prescrições que muitas vezes implicam artimanhas (que às vezes são estabilizadas na forma de regras do ofício).

➠ Ao revelar as contradições que sempre acompanham o trabalho comum, torna-se perfeitamente inteligível uma das dimensões essenciais de nossa investigação sobre a avaliação: aquele que não renunciou a trabalhar bem, a ter zelo, portanto, a demonstrar iniciativa e originalidade, aprende rapidamente que sua inteligência terá de se exercer fora das vistas da hierarquia, e às vezes de seus pares, até mesmo dos seus subordinados, ou então terá de se assegurar da cumplicidade e lealdade destes, o que não é tão simples. Para poder ser inteligente no seu trabalho, é preciso saber se mostrar discreto. Indo ainda mais longe, e isso não é raro: aquele que deseja continuar a amar o seu trabalho, terá de aprender a esconder suas artimanhas e a cultivar seu segredo. Enfim, e isso é mais comum do que se imagina, é possível que as pessoas sejam obrigadas a passar da discrição ao segredo, e finalmente à clandestinidade. Robert Linhart mostrou muito bem em seu livro L'établi (LINHART, 1978) que esse fenômeno existe também na linha de montagem automotiva. Atualmente, e de maneira evidente, assim como em outras situações, as novas tecnologias também não escapam disso.

Se, como indiquei anteriormente, o trabalho é o que deve ser acrescentado às prescrições, compreende-se que quando se trata da interpretação das ordens ou da transgressão das regras para poder trabalhar bem, então o essencial do trabalho *não se vê nem se observa*.

Outros constrangimentos colaboram para aumentar os obstáculos à visibilidade do trabalho efetivo. Não vou detalhá-los, mas cada um pode ser objeto de uma análise aprofundada.

Os desafios estratégicos (a racionalidade estratégica)

Como mostrou a análise estratégica desenvolvida por Michel Crozier (CROZIER, FRIEDBERG, 1977), o *saber-fazer*, os jeitos e as artimanhas de ofício são trunfos importantes na negociação do poder dentro de uma organização. Mesmo que não haja risco de punição, é muitas vezes do interesse do agente manter segredo sobre suas habilidades para negociar seu lugar, sua qualificação, sua utilidade para a organização e, no fim das contas, seu salário e a segurança do seu emprego. Uma situação fácil de entender. Em contrapartida, essa parte do trabalho é difícil de ser explorada, pois o pesquisador ou o avaliador esbarra na vontade deliberada do "ator" de camuflar uma parte de sua atividade. Obter a revelação do segredo só é possível em condições excepcionais de confiança entre o trabalhador e o pesquisador, o que evidentemente só pode se apoiar em uma cláusula de discrição, até mesmo de segredo profissional. Se é possível portanto, ocasionalmente, ter acesso a essa parte secreta do trabalho para apoiar e argumentar a noção teórica de "segredo estratégico comum", ou ainda de "estratégia de ator", isso permanece, em geral, limitado à investigação realizada no âmbito de uma ação de pesquisa. As intervenções realizadas por profissionais formados em "análise estratégica", solicitadas pelas direções das empresas, são deontologicamente ambíguas, pois não respeitam a preocupação dos trabalhadores em proteger o segredo de suas artimanhas, mas as usam para informar os gerentes e aumentar seu poder de agir em detrimento dos "executantes". Se menciono o caráter equívoco de certas práticas de pesquisadores - consultores em organização, é porque além das dificuldades técnicas que se opõem à rotinização da objetivação e da avaliação do *saber-fazer* clandestino, é preciso também levar em consideração as restrições deontológicas a respeito dos meios dessa rotinização.

O déficit semiótico e a dominação simbólica

Esse terceiro obstáculo, mais complicado de compreender, foi evidenciado pelos sociolingüistas – penso em particular nos trabalhos de Josiane Boutet e de Patrick Fiala (BOUTET, 1995). Todos os saberes nascidos da prática do trabalho, porque são em boa parte clandestinos, são freqüentemente mal transmitidos pela linguagem. As palavras para designar, descrever, caracterizar esse *saber-fazer* são cronicamente deficitárias. Devido a essa dificuldade em "*semiotisar*" uma parte importante do *saber-fazer*, a avaliação está praticamente fadada a ser lacunar. O déficit semiótico leva quase sempre a uma avaliação deficitária do trabalho.

O déficit semiótico não é o único responsável pela dificuldade de falar da atividade propriamente dita. O trabalho, como todas as situações em que há relações sociais de dominação, é objeto de uma concorrência social relativa à sua própria essência – à sua verdade, de certa maneira. Admitindo que o mundo só pode ser conhecido por nós por uma certa descrição, segundo o conceito da filósofa Anscombe (1979), essa descrição é objeto de uma concorrência social exacerbada. A luta para impor uma descrição contra outra ocorre classicamente entre engenheiros e operadores da base. Assim, a descrição do trabalho feita pelos engenheiros acaba sendo imposta, via de regra, em detrimento das práticas linguageiras de ofício.

O que ocorre na indústria ocorre também na agricultura. Existem muitos trabalhos sobre esse tema. No que diz respeito à agricultura, penso em particular nos textos de Jocelyne Porcher (2002), nos quais é possível perceber que os próprios engenheiros agrônomos desenvolvem descrições doutas que tendem a desqualificar as palavras dos camponeses. Falar do trabalho impõe, de maneira geral, fazer uso de uma língua que nunca é neutra, mas estruturada pelo que é chamado, desde Dourdieu – é também disso que tratava implicitamente os relatos citados por P. Champagne –, de "dominação simbólica". Ao passar pela "formação linguageira do trabalho", que portanto é poderosamente estruturada pelo ponto de vista dos eruditos, engenheiros, pensadores ou pesquisadores, eufemisa-se de maneira sistemática os saberes operários, que, desse modo, são sub-avaliados. Hoje, tal luta é dominada cada vez mais pelos gestores, razão pela qual, mesmo no setor automobilístico, tem sido preciso opor a descrição gerencial do trabalho à descrição subjetiva do trabalho, que, por sua vez, é construída a partir de baixo, a partir da experiência do trabalho dos próprios operadores. Ora, constatamos assim, que essa distância entre as duas descrições, subjetiva e gerencial, tende a aumentar na atualidade, o que tem provocado uma autêntica perplexidade não somente a respeito da realidade do trabalho propriamente dito, mas também, e sobretudo, de sua qualidade(LLORY, M.; LLORY, A., 1997).

Descrição subjetiva do trabalho e saber-fazer corporal

Sinto muito, não se trata nem de exotismo nem de folclore, mas é essencial para quem se interessa verdadeiramente pelo trabalho. O termo "descrição subjetiva do trabalho" não foi determinado por acaso, pois trata de um obstáculo suplementar para a visibilidade do "trabalhar" efetivo. É possível mostrar que, quase essencialmente, a habilidade profissional se baseia em um conhecimento corporal do processo de trabalho. A própria inteligência no trabalho é guiada por uma intimidade entre o corpo e o objeto de trabalho, a matéria, a ferramenta ou o objeto técnico. Isso foi particularmente verificado por Michèle Salmona (1994) com os pecuaristas que desenvolvem, a partir de suas relações prolongadas com os animais, uma espécie de inteligência do corpo que permite antecipar as reações de medo ou agressividade do animal, evitando assim acidentes. De maneira totalmente pertinente, Michèle Salmona relacionou esse *saber-fazer*, esses *tacit skills* pressentidos, memorizados e postos em ação pelo corpo, com a *métis* dos gregos, a *métis* também conhecida como "inteligência astuciosa", da qual Vernant e Détienne fizeram de certa maneira a arqueologia cognitiva (DÉTIENNE e VERNANT, 1974).

Exercitar essa forma de inteligência, fundamentalmente subjetiva e corporal, não se limita à criação de gado, pois ela tem um papel essencial na reatividade do piloto de caça confrontado com o mal funcionamento do seu aparelho, ou na do operador em uma sala de controle na condução de uma usina nuclear. Nas novas tecnologias, essa habilidade do corpo foi descrita detalhadamente por autores alemães como uma condição *sine qua non* para a eficácia técnica, que se opõe ponto por ponto ao que se pensa ser uma execução disciplinada das regras de segurança e qualidade. Essa atividade do corpo, subjetiva, foi portanto chamada de "atividade subjetivante" (*subjektivierendes Handeln*) por Böhle e Milkau (1991). Não há dúvida de que esse conhecimento íntimo do trabalho, dos objetos técnicos, da maneira de trabalhar, é muito difícil de simbolizar e, portanto, de pôr em palavras. O conhecimento do trabalho e do ofício é o conhecimento do corpo (adquirido pelo e memorizado no corpo), evidentemente – plagio aqui Bourdieu de certa maneira, que foi quem introduziu essa noção a respeito da formação do *habitus*, mas o termo é muito forte e, por isso, aqui também muito pertinente. O conhecimento do trabalho e do ofício é um conhecimento de corpo, mesmo que não seja simbolizado, que não seja visível nem tão facilmente transmissível, como aliás o mostraram todos os antropólogos do trabalho, em particular

Paul Jorion e Geneviève Delbos (1984). Penso, ainda, que o mais insólito – é preciso insistir nisso – é que essa inteligência do corpo é desconhecida justamente pelos que fazem um constante uso dela. Essa inteligência é banalizada e naturalizada: "Oh! Isso a gente faz naturalmente", dizem ao clínico do trabalho. Ou ainda: "Isso se faz automaticamente", justamente quando se trata com certeza de tudo, menos de automatismo. Ao contrário: toda a inteligência do corpo está, por excelência, no artifício, com tudo que este tem de mais lisonjeiro. É preciso reconhecer, *via de regra, que a inteligência profissional está adiantada em relação ao seu conhecimento e simbolização.* E os que trabalham são, em sua maioria, mais inteligentes do que eles próprios acreditam.

A explicitação desse *saber-fazer* é possível, mas passa por métodos complexos, que aliás foram diversamente elaborados – penso aqui nos trabalhos de Daniellou, já citados, e também nos de Yves Clot (CLOT, FAITA, 2000).

Notemos, porém, que esse conhecimento do corpo não pertence unicamente aos artesãos, camponeses e operadores de salas de controle na condução das indústrias de processo. Em geral, pensa-se que diz respeito apenas aos trabalhadores manuais. Mas de fato esse conhecimento tem também um papel em todas as tarefas intelectuais. Isto vale, por exemplo, para o piloto de caça, do qual não se pode dizer tão facilmente que seja, com base no senso comum, um trabalhador manual. Também vale para os professores e conferencistas, que só conseguem manter o contato e controlar a relação com o seu público graças a um certo *saber-fazer* corporal: o contato, a presença etc. Também é o caso para o psiquiatra, quando procede à investigação de um doente para diagnosticar uma patologia mental. Trata-se, em primeiro lugar, de um diagnóstico do corpo. Disponho-me a discutir essa afirmação. Não se trata de um "DSM",[2] pois com o DSM ainda se trata de avaliação e se está muito longe da sutileza dos conhecimentos adquiridos "de corpo".

As estratégias de defesa contra o sofrimento

O trabalho também provoca uma série de sofrimentos em razão de constrangimentos deletérios, como os constrangimentos de cadências ou de qualidade; os constrangimentos sociais de dominação, injustiça, desprezo, humilhação; as exigências de usuários e clientes — eventualmente sua violência, uma vez que esta entrou agora na ordem do dia. Trabalhar é também suportar esse sofrimento. Isso faz parte do trabalho. Para tanto, os agentes constroem estratégias coletivas e individuais de defesa que fazem parte, sem sombra de dúvida, do trabalho efetivo. Mas todas essas estratégias, mesmo sendo custosas e pacientemente construídas pelos agentes, têm a propriedade de ter um funcionamento inconsciente.

Atenuar o sofrimento passa, na maioria das vezes, por uma tentativa de opor uma denegação à percepção

---

[2] *Diagnostic & Statistical Manual of Mental Disorders* (manual de referência em psiquiatria nos Estados Unidos).

daquilo que faz sofrer. Por essa razão os trabalhadores nunca falam diretamente dessas defesas. Esforçam-se, ao contrário, para dissimulá-las, pois freqüentemente são paradoxais, como o risco assumido ritualisticamente pelos operários da construção civil (DEJOURS, 2000) — e seriam, assim, condenáveis. Além disso, essas estratégias de defesa têm em comum a propriedade de prejudicar a simbolização do "trabalhar" efetivo, pois a denegação do sofrimento leva a um embotamento intencional, mesmo que inconsciente, da atividade de pensar, portanto, da capacidade de simbolização. A negação da percepção da realidade traz consigo um enfraquecimento da capacidade de pensar.

Em resumo, em uma primeira abordagem da clínica do trabalho, podemos reter cinco obstáculos principais à visibilidade do trabalho efetivo: o constrangimento da clandestinidade associado à artimanha e ao zelo; os desafios na estratégia de poder; o déficit semiótico e a dominação simbólica; a *métis* ou o conhecimento do trabalho pelo corpo; e as estratégias de defesa contra o sofrimento. Todos esses obstáculos concorrem à ocultação do que, no fim das contas, aparece como a parte mais importante do trabalho: a parte submersa do *iceberg* é mais importante que a parte visível ou observável acima da água. E, em geral, escapa à avaliação objetiva, tanto qualitativa quanto quantitativa.

Tornar visível o invisível?

A arena dramatúrgica

Caso se quisesse verdadeiramente avaliar o trabalho, seria preciso tornar visível a parte submersa do *iceberg*. Para tanto, seria igualmente necessário vencer todos os obstáculos mencionados, uma tarefa assustadora. Como não conseguem fazê-lo, nem mesmo acreditar que seja possível fazê-lo, os trabalhadores se esforçam, às vezes, para impressionar o observador ou o avaliador. Recorrem, para isso, a uma encenação dos seus esforços, habilidades, destreza, virtuosismo e méritos, e isso enquanto estão trabalhando. Essa encenação, essa dramaturgia, que visa mostrar a grandeza de cada um, a grandeza do esforço ou da concentração, da inteligência e da habilidade, foi estudada de maneira precisa por sociólogos, em particular por Nicolas Dodier (1989) (seguindo os passos de Goffman, 1993), que chamou tal comportamento de "apresentação de si", "encenação da vida de trabalho", ou "prova de grandeza". Trata-se do paradigma do acrobata de circo que P. Champagne citou na introdução. Haveria muito o que contar a respeito desse estudo, sem dúvida apaixonante e uma clínica do trabalho realmente comovente.

De acordo com essa teoria, o operário amplifica alguns dos seus gestos e movimentos durante sua jornada de trabalho a fim de torná-los mais expressivos, explicitando sua tristeza, alegria ou sofrimento. Esses movimentos, essa gestualidade do corpo, podem às vezes assumir uma forma intencionalmente caricatural para sugerir a façanha, a coragem e, outras vezes, a ironia. Marcel Durand escreveu um livro incrível a esse respeito, *Grain de sable sous le capot. Résistance & contre-culture ouvrière: les chaînes de montage de Peugeot (1972-2003)*(DURAND, 1990), no qual descreve cenas absolutamente inacreditáveis a respeito da instalação dos painéis de instrumentos nos veículos que dão um pouco a idéia do que se faz quando se tem visitantes, principalmente japoneses, para mostrar a eles como se coloca um painel de instrumentos em um carro Peugeot na França. O operário da linha de montagem se pendura pelos braços à carroceria do veículo depois de ter posicionado a placa do painel diante do local de encaixe. Então, com um vigoroso movimento dos quadris, projeta de repente uma perna dobrada e a outra esticada para alcançar a extremidade oposta do encaixe, aplicando simultaneamente dois pontapés no painel de controle que, com um estrondo, encaixa-se exatamente como devia no lugar previsto.

Nicolas Dodier também é levado a examinar o trabalho como o lugar de uma arena dramatúrgica, onde cada um se esforça para tornar inteligível para os outros a parte não visível do "trabalhar". Ele chega inclusive a extrair uma dimensão suplementar, a de um *ethos* do trabalho operário (DODIER, 1995). Mesmo que, neste caso, pelo olhar do sociólogo, parte do que é invisível possa ser revelado, não creio que essa análise seja suficiente para dar seu justo valor à contribuição trazida por aqueles que trabalham à organização do trabalho para torná-la eficaz.

A invisibilidade do trabalho das mulheres

Pode-se adivinhar, a partir dessas sugestões sobre os atos dramatúrgicos, que as condutas até aqui estudadas dizem respeito ao trabalho dos homens. Mas e quanto às mulheres? A situação delas, pelo que mostram claramente as pesquisas, é muito diferente — em certos casos, até mesmo radicalmente oposta. De fato, as relações de dominação no trabalho estão constantemente articuladas com a dominação das mulheres pelos homens. Além das relações desiguais entre os próprios homens, a comunidade masculina compartilha certas atitudes em relação ao trabalho das mulheres. Via de regra, o *saber-fazer* feminino ou atribuído às mulheres, as habilidades femininas, são desqualificadas pelos homens. Uma das formas mais importantes dessa desqualificação, que contribui para a ocultação do trabalho feminino, é conhecida pelo nome de "naturalização das competências femininas". Sobre esse assunto é preciso consultar, em particular, os trabalhos de Helena Hirata e Danièle Kergoat (1988). Tal naturalização consiste em considerar certas habilidades ou qualificações femininas como aptidões naturais ligadas à anatomia das mulheres ou ao seu sexo. Assim, consideradas próprias ao organismo feminino, evidentemente não têm nenhum valor. Diante disso, será possível avaliar o que, pelas relações de dominação, já foi esvaziado de qualquer valor?

Dentro do que convém caracterizar como desvalorização, existe algo ainda pior. Quando uma mulher não possui essas qualidades supostamente naturais, como o tato, a disponibilidade, a prestimosidade, a capacidade de colocar-se em segundo plano ou mesmo de se renunciar, a humildade etc., então essa mulher é considerada incompleta. É como se ela não fosse mulher de verdade. Mas a dominação de gênero se dá, além da naturalização das competências, por uma divisão social das tarefas. Aos homens cabem as tarefas mais qualificadas, mais gratificantes e mais bem remuneradas; às mulheres cabem as tarefas dos cuidados com o corpo e uma boa parte das chamadas tarefas relacionais, bem como as de limpeza, arrumação, subalternas etc. Christian Nicourt (1999) mostrou isso com a divisão de tarefas entre homens e mulheres nas atividades agrícolas. Nesse setor, além de não ser reconhecidas, tais tarefas são até mesmo desvalorizadas: em geral, são consideradas eficazes somente quando não são visíveis, como no caso da faxina, que só é notada quando não é feita. Ou ainda no caso do tato. Agir com tato pressupõe efetivamente não expô-lo. Se você comenta: "Notou o meu tato?", você o arruína. Estar disponível para as demandas e necessidades dos outros, em particular dos homens, supõe não deixar transparecer o incômodo, as dificuldades, a sobrecarga de trabalho acarretada pela interrupção de uma tarefa em curso.

O mesmo ocorre com as secretárias, que foram estudadas particularmente por Josiane Pinto (1990). Em sua pesquisa, Dominique Dessors e Christian Jayet fazem este trocadilho: *"secret-taire"*.[1] A brincadeira não é nem deles nem minha, mas das próprias secretárias, o que remete precisamente ao fato de, em muitos locais de trabalho, serem um tipo de lata de lixo no qual cada um vem derramar tudo de negativo que pensa da própria situação, sobretudo o que pensa dos colegas. Ser secretária é ouvir horrores a respeito das pessoas. Mal acaba de ouvir histórias infames sobre um colega, este entra em sua sala. E cabe à secretária manter-se sorridente! Há momentos em que elas só pensam em uma coisa: não ouvir nada. Além disso, precisam ser discretas, manter-se caladas. Se a secretária começar a falar, os outros dirão que ela não sabe guardar segredos. E é bem verdade que não é necessário falar muito para desencadear catástrofes diplomáticas ou organizacionais.

A esse respeito, Josiane Pinto fala do "dom encantado de si". Essa conotação "encantada" ou ainda "fada do lar" só funciona se o trabalho não for visto. É por isso que Pascale Molinier fala de "tarefas discretas" para caracterizar essa maldição que pesa sobre as tarefas que cabem às mulheres (MOLINIER, 1997). É fácil compreender que, se a avaliação do trabalho é difícil em geral, é ainda muito mais parcial no que diz respeito ao trabalho feminino, além de ser um eufemismo.

A discriminação é um peso terrível, sobretudo quando se leva em conta o que complica tanto o trabalho de

---

[1] Para *secrétaire* (secretária): *secret* = segredo; *taire* = calar. [N.T.]

reprodução das mulheres, ou seja, tudo que provém do trabalho doméstico, do cuidado com os filhos, e tudo o que isso acrescenta na forma de complicações à organização do trabalho e do tempo das mulheres.

Metodologia de avaliação

Agora, nos deteremos em questões de conceito e de método para prosseguir cautelosamente em nossa pesquisa sobre a avaliação do trabalho. Essa incursão já está muito longa, mas é muito curta em relação à importância dos problemas e à dificuldade de resolvê-los. Tal incursão no território obscuro do trabalho mostra, em primeiro lugar, que o trabalho comum não é acessível à observação direta. Mas mostra também que, quaisquer que sejam os métodos empregados, o trabalho efetivo nunca poderá ser integralmente trazido à visibilidade. Precisamos nos resignar à modéstia dos objetivos e das expectativas, embora tenhamos de ser ambiciosos quanto aos métodos.

O trabalho está fundamentalmente preso à subjetividade, mas deve-se reconhecer, também, que ele se nutre dessa subjetividade e do empenho da corporeidade na habilidade técnica, afinal, é o corpo e a subjetividade que conferem à inteligência no trabalho sua genialidade, ou seja, seu poder de pressentir soluções, de descobrir, inventar artimanhas, memorizar a experiência e a virtuosidade — o que é chamado em termos usuais de "engenhosidade".

Essas conclusões são bastante claras hoje, mas já tinham sido perfeitamente identificadas pelos escritos filosóficos de Marx, embora este não soubesse assumir seu alcance nos planos epistemológico ou político. É incontestavelmente com o aparecimento das novas tecnologias e com a re-estruturação das tarefas industriais na década de 1970 que a indexação do trabalho pelo tempo de trabalho entrou em crise, sendo substituído progressivamente pela avaliação dos desempenhos produtivos em termos da utilização dos dispositivos técnicos, confiabilidade dos sistemas complexos, segurança das instalações etc. Mas ao longo de nosso percurso ficou claro que a medida dos desempenhos não é a avaliação do trabalho, pois não há nenhuma proporcionalidade entre desempenho e trabalho.

Já que o trabalho efetivo não é observável diretamente, será que devemos concluir que permanecerá para sempre incognoscível? Não exatamente. É possível ter acesso ao conhecimento do trabalho, mas para isso é preciso levar em consideração a subjetividade dos trabalhadores. Evidentemente, esse caminho tem pesadas conseqüências metodológicas. O conhecimento que se pode ter do que não pertence ao mundo visível é um conhecimento incompleto, mas que não deixa de ser um conhecimento, a condição de fazer uso da única mediação que conhecemos para ter acesso à subjetividade, ou seja, à palavra.

Faz-se uso da palavra tanto nos procedimentos de extração dos conhecimentos utilizados pelos cognitivistas quanto nos métodos de autoconfrontação inventados pelos ergonomistas, autoconfrontações cruzadas desenvolvidas pela clínica da atividade, ou de elaboração coletiva da organização real do trabalho praticada na psicodinâmica do trabalho, ou até mesmo na análise pluridisciplinar das situações de trabalho nos dispositivos implantados por Yves Schwartz (1988) em Aix-en-Provence. No entanto, seria preciso entrar em discussões muito técnicas para mostrar quanto o estatuto dado à palavra e ao emprego dessa palavra difere conforme se visa à extração dos conhecimentos, à análise da atividade ou às relações entre trabalho e saúde mental. É incrível notar a maneira como se pode usar a palavra e até que ponto isso pode variar de uma situação para outra.

Sem dúvida, houve importantes progressos no conhecimento do trabalho nesses últimos anos. Mas não é certeza que isso seja suficiente para resolver a questão da avaliação do trabalho, ainda mais porque novas questões surgiram nesse ínterim, questões ligadas a profundas transformações do trabalho, que passam pela flexibilização do emprego e pelos novos métodos de organização do trabalho, gestão e direção que têm se generalizado há mais ou menos dez anos, e que aumentam ainda mais a dificuldade de falar quando se trata das tarefas ditas imateriais.

A referência ao trabalho das mulheres e sua exaustiva subestimação permite efetuar a transição para o que se convencionou chamar de relações de serviços.

A avaliação: novos desafios, novas doutrinas

As atividades de serviços/novas dificuldades

Todos os pesquisadores em ciências do trabalho estão de acordo em reconhecer que, nos países ocidentais pelo menos, as tarefas de produção clássica geram cada vez menos empregos, tanto na indústria como na agricultura. O principal gerador de empregos é atualmente o setor de serviços — recomendo consultar em especial os trabalhos de Christian du Tertre (1999; 2002).

A maioria dessas atividades implica o que chamamos de "uma relação de serviço", ou seja, uma relação direta entre produtor e cliente. É o caso de muitas atividades do setor público, como saúde, serviços comerciais — o correio, por exemplo —, e de assistência ao trabalhador, como salário-família, centros de apoio ao trabalhador e ao estudante (para recolocação profissional e estágios), e previdência social.* Encontramos as mesmas características no trabalho social, que é essencialmente uma atividade de prestação de serviço nas áreas de ensino e formação profissional, bem como nos bancos, na polícia (com os serviços de emergência), e em todo o setor técnico-comercial (ou a "força de vendas", como se diz agora). Mas é preciso ressaltar que também se faz necessário desenvolver atividades de prestação de serviço na própria indústria. Não se pode conceber novas ferramentas tecnológicas sem acoplá-las a serviços de treinamento para o cliente, que depende efetivamente das atividades de serviço. Além disso, tais atividades pressupõem — é aí que a coisa fica complicada — que se consiga a cooperação do beneficiário na própria produção do serviço. É preciso formar de certa maneira, e obter a

---

* Equivalentes, no Brasil, aos órgãos franceses CNAF (Caisses Nationale d'Allocations Familiales, responsável pelo que seria o nosso salário-família), ANPE (Agence Nationale pour l'Emploi, ou Agência Nacional pelo Emprego), AFPA (Association Nationale pour la Formation Professionnelle des Adultes, ou Associação Nacional pela Formação Profissional dos Adultos), e Sécurité Sociale (seguridade social). [N. E.]

cooperação do beneficiário no próprio tempo de produção da atividade de serviço. Por exemplo, o médico deve formar o paciente para que este possa assumir corretamente seu tratamento. No entanto, existem situações em que isso é difícil, como no tratamento do diabetes, extremamente complicado, e no qual se faz necessário formar os doentes em *"diabetologia"* e nos princípios do tratamento, para que utilizem corretamente os meios terapêuticos colocados à sua disposição. Se não assimilarem esses conhecimentos, se não forem corretamente formados, esses meios terapêuticos transformam-se em ferramentas de morte. Tratar é formar, portanto, é algo complemente diferente do que se concebe quando se fala em tarefas clássicas de produção. Porém, o que no passado era reservado apenas aos médicos, hoje alcança muitas outras profissões.

A avaliação dos desempenhos

Todas essas tarefas requerem uma mobilização subjetiva por parte do trabalhador em registros invisíveis, uma vez que são relacionais e até mesmo intersubjetivos. Os economistas falam a esse respeito ao citar "tarefas imateriais", o que ressalta a invisibilidade já comentada do "trabalhar" efetivo. Ora, não há nenhuma correlação entre, por um lado, o esforço, a habilidade, o *saber-fazer*, a engenhosidade do agente,e, por outro, o que é visível, ou seja, o faturamento, o número de usuários recebidos e informados, ou ainda o número de dossiês tratados. Aliás, com freqüência, as tarefas que exigem mais esforços são aquelas cujos resultados materiais são os menos lisonjeiros. Assim, na ANPE (Agence Nationale pour l'Emploi), por exemplo, o agente que recebe os casos sociais mais difíceis permanece muito mais tempo com o usuário do que aquele que consegue ficar com a análise dos dossiês confeccionados por técnicos e executivos bem integrados socialmente. Se compararmos o número de dossiês tratados ou o volume de prestações fornecidas, é aquele que trabalha mais que obtém os resultados mais medíocres. A avaliação dos desempenhos torna-se aqui totalmente desconectada da realidade do trabalho. Indico, em particular, um trabalho extremamente interessante de Nicole Roelens (2000) sobre a AFPA (Association Nationale pour la Formation Professionnelle des Adultes).

Vejamos o caso da polícia francesa. As planilhas de avaliação de cada período de serviço passam por uma contagem de "bastões", ou seja, o número de intervenções de cada policial ou de cada patrulha que resultou em multa ou interpelação. Aqui, novamente, temos uma situação um tanto caricatural: uma patrulha permanece à espreita por uma noite inteira em um determinado bairro para tentar render os traficantes de drogas que atuam na região. Após seis horas de tocaia, a patrulha descobre que os traficantes conseguiram escapar, seja porque a informação vazou, seja porque os policiais, apesar de estarem à paisana, foram descobertos, seja por outro motivo qualquer. De todo jeito, trata-se de uma situação complicada: as pessoas vigiadas são muito espertas. De manhã cedinho, os policiais voltam à delegacia. Resultado: *zero bastão*. Que essa tocaia seja necessária, que o fracasso faça parte de um trabalho que só se mostra eficaz após ter sofrido vários malogros, isso tudo não é levado em consideração pela hierarquia, que deseja números, ações visíveis com resultados que podem ser mostrados com orgulho ao governador ou ao deputado. Esse trabalho, mesmo tendo sido bem-feito, corre o risco de ser penalizado. Conseqüência inevitável do absurdo dessas avaliações: a tal patrulha, nas noites seguintes, contenta-se em controlar motoristas. No final da noite, há um número importante de infrações computadas, como falta de documentos, condução em estado de embriaguez, condução sem carteira de motorista etc. No retorno à delegacia: *quatorze bastões*. No fim, a avaliação leva a resultados contra-producentes para com a ordem pública. Vários casos semelhantes podem ser facilmente acumulados para atestar o absurdo dos métodos de avaliação do trabalho baseados no desempenho.

No que diz respeito às atividades de serviço e em particular às relações de serviço, temos de reconhecer que no estado atual dos nossos conhecimentos, não podemos avaliar o trabalho porque não sabemos fazê-lo. A tal ponto que novas profissões, por exemplo, as mais ou menos cinqüenta novas profissões identificadas e catalogadas no âmbito da ação social para a cidadania nem mesmo são descritas. Só se consegue defini-las pelas suas missões, mas o conteúdo de sua atividade permanece enigmático e depende inteiramente da improvisação, da iniciativa ou do gênio pessoal dos trabalhadores. Como se pode avaliar o que nem mesmo se sabe descrever?

A avaliação pelo tempo de trabalho

Com o desenvolvimento das atividades de serviços, os métodos de avaliação pelo tempo de trabalho tornaram-se também totalmente inadaptados. Pesquisas mostram claramente que o empenho da subjetividade ultrapassa, e muito, o tempo que é contabilizado como tempo de trabalho. Um técnico comercial, encarregado das relações com a clientela, só obtém bons resultados caso aceite permanecer constantemente envolvido com o trabalho para ser melhor que a concorrência. O tempo de deslocamento, bem como os fins de semana e feriados, não devem interromper a mobilização subjetiva do agente. Vê-se também nas pesquisas no meio hospitalar, a dificuldade encontrada em especial pela equipe de enfermagem para deixar de pensar em seus pacientes quando saem do hospital (MOLINIER, SCHELLER, RIZET, 1998;. 1999; MOLINIER, 2000). Além disso, é provável que essa influência do trabalho de prestação de serviços sobre a vida privada seja uma das molas propulsoras da eficácia técnica desses agentes— um ponto importante, mas que no momento não poderá ser desenvolvido aqui. O trabalho também é realizado quando você dorme e sonha. Se você não sonha com o trabalho, é um mau trabalhador. Assim, devido a essa evolução do trabalho em direção às atividades de serviços, os métodos de avaliação do trabalho pela sua duração ou pelos desempenhos perderam sua pertinência.

A avaliação das competências

As dificuldades encontradas na avaliação do tempo de trabalho, e na dos desempenhos, é provavelmente a principal razão de uma nova abordagem dos conceitos e métodos de avaliação do trabalho que se move agora na direção do que está sendo chamado de avaliação das competências (MERCHIERS, 2000). No entanto, a avaliação das competências nem sempre é a avaliação do trabalho. Aliás, seu objetivo é diferente: como não se sabe de que maneira analisar o trabalho efetivo e o que ele deve à subjetividade, chegou-se à solução de avaliar as competências para manter a mobilização subjetiva no melhor nível possível.

Citando Marbach (2000): "O intento da avaliação caracteriza o modo de regulação ou o ajuste preconizado entre o indivíduo e a situação de trabalho, desde a mais estrita adequação até a possibilidade de interações dinâmicas entre as duas partes". Cito-a novamente: "Com a avaliação das competências, o valor do trabalho não é mais definido independentemente da pessoa". Até aí, permanecemos em coerência com os princípios teóricos da ergonomia que preconizavam a avaliação da carga de trabalho. Mas o texto que segue dá uma inflexão totalmente diferente à interpretação da avaliação das competências. Ainda citando Marbach (2000): "Ao princípio 'trabalho igual, salário igual', se substitui uma palavra de ordem, 'competência igual, salário igual'". Os balanços de competências, a carteira de competências, todas essas noções baseiam-se na hipótese segundo a qual seria possível identificar as competências isoladamente ou distantes do trabalho. De fato, a avaliação das competências ruma inevitavelmente para a avaliação da pessoa e se afasta proporcionalmente da avaliação do trabalho propriamente dito. Ora, a análise clínica do trabalho mostra que não se pode definir, caracterizar, apreender ou avaliar uma competência sem passar pelo conhecimento fino do trabalho no qual ela se atualiza.

Se, como indiquei acima, a inteligência no trabalho está adiantada em relação à sua semiotização e simbolização, é quase certo que os próprios agentes tenham uma grande dificuldade para formalizar sua experiência e, conseqüentemente, as competências que possuem e desconhecem. Tive em mãos um questionário do INRA (2001-2002) sobre a avaliação de engenheiros que tenta vencer esse obstáculo, pedindo a esses profissionais que digam o que fazem melhor. Será que não dá para ver o que eles fazem melhor? Não, não dá. Eles precisam dizê-lo. E como farão isso? Será que vão saber dizer?

Via de regra, contrariamente aos pressupostos da avaliação das competências, o desempenho antecede a competência. É perante o inédito, a resistência do real, o fracasso, e depois graças à obstinação e à mobilização subjetiva que o trabalhador consegue transformar sua impotência em desempenho. E é somente caso ele consiga se recompor, no momento que segue o seu desempenho — primeiro vem o desempenho —, que ele poderá eventualmente conseguir elaborar e formalizá-lo para transformar esse desempenho em competência ou habilidade. Como não se consegue elucidar em que consiste o processo de formação das competências, não se sabe, atualmente, como avaliar o esforço ou o trabalho que implica uma atividade de serviço baseada, no entanto, na mobilização subjetiva e na cooperação intersubjetiva ou interativa entre o produtor do serviço e seu cliente ou usuário.

O problema é extremamente preocupante uma vez que o que está hoje diretamente em causa é o conteúdo do que poderia servir de referência para fixar um salário. De fato, apesar das tentativas feitas por muitos autores, a determinação dos salários não corresponde em nada ao esforço ou à contribuição efetiva que cada assalariado traz à empresa, ao serviço público ou à cidadania, com disparidades gritantes que a avaliação das competências não consegue lidar, isso quando ela não contribui, o que é mais lamentável ainda, para criar sentimentos de injustiça — até mesmo injustiças reais. O direito do trabalho, por sua vez, deve enfrentar essas dificuldades de avaliação, como sugerem os trabalhos de Alain Supiot (2002), em particular seu livro *Critique du droit du travail*, que inicia com essa questão.

A avaliação da qualidade

Examinamos sucessivamente até agora as fraquezas da avaliação do trabalho pela medida do tempo de trabalho, pela avaliação dos desempenhos e das competências. Resta uma última possibilidade de abordagem que vem ocupando cada vez mais lugar no conjunto das avaliações: a avaliação da qualidade, chamada ainda de "qualidade total". É verdade que ao visar ao estudo da qualidade, focalize-se dessa vez, quem sabe pela primeira vez, a análise do trabalho efetivo e não o único trabalho prescrito, o que deveria permitir recuperar uma parte substancial do que escapa aos outros métodos de avaliação.

Infelizmente, na prática, a análise rigorosa da qualidade acabou cedendo rapidamente lugar a modalidades de ação de marketing e de concorrência comercial. A questão de fundo não é a avaliação da qualidade, mas a obtenção das certificações e dos selos que separam os melhores dos piores, algo bem diferente. É assim que a avaliação da qualidade substituiu pouco a pouco a "qualidade total", ou seja, um dispositivo que coloca o resultado antes do trabalho, em vez de depois deste. Assim, a qualidade total não remete mais à avaliação da qualidade,

A avaliação do trabalho submetida à prova do real · 69

mas se transforma em *prescrição*. Perdeu-se a oportunidade! Prescrição suplementar que torna ainda mais pesada a carga de trabalho e as operações de controle. Isso significa que a modalidade de ação em qualidade acrescenta constrangimentos ao trabalho prescrito, tornando ainda mais rígidos os procedimentos e os controles — tornando também o trabalho propriamente dito ainda mais difícil do que antigamente, ou seja, o ajuste da distância entre o trabalho prescrito e o trabalho efetivo.

Por fim, a qualidade total revela-se o que é: uma palavra de ordem, um *slogan*, um argumento publicitário, não uma avaliação metódica e rigorosa do trabalho. "Produzir qualidade" é uma coisa. Mas a qualidade total é uma noção absurda — até mesmo um contra-senso. A qualidade é um objetivo do trabalho. A qualidade total é um ideal, mas certamente não uma realidade. Trabalhar, quero lembrar, é se deparar com o fracasso e reconhecê-lo como tal. A busca da qualidade sempre encontra limites. A qualidade total não existe. Pode-se sonhar com ela, desejá-la, pode-se até tentar alcançá-la, mas nunca se consegue a qualidade total. Propor um controle a partir de normas, como os ISO 2000, ISO 9000, ISO 9001, ISO 13000, não passa de invocação mágica. À sombra dessas garantias publicitárias esconde-se inevitavelmente uma intensa atividade de evitamento, de artimanha e, evidentemente, de *fraude*, como ocorre na presença de toda prescrição, como já tentei explicar. E quanto mais arrogantes forem os objetivos declarados, mais numerosas e graves serão as fraudes.

As auditorias de qualidade, em particular, são consideradas a forma nobre da avaliação por excelência. No entanto, trazem sérios problemas de princípio, como mostrou magistralmente Philippe Roqueplo (1997) nas conferências do INRA. Porém, em sua análise, Roqueplo também não faz referência à atividade de trabalho específica que está subjacente à avaliação e à perícia; suas críticas dizem respeito a outra coisa.

Um impensado da perícia: o trabalho do perito

A avaliação depende do trabalho de várias pessoas e até mesmo de equipes inteiras. Ao desconhecer os problemas de trabalho referentes à avaliação, os peritos às vezes cometem erros de apreciação.

Para ilustrar essa asserção, usarei como exemplo uma situação proveniente de minhas pesquisas no setor nuclear. Sabe-se que a doutrina de segurança das usinas nucleares baseia-se no princípio de barreiras intransponíveis para conter os produtos fissionáveis e impedir sua difusão no meio ambiente. Entre essas barreiras são edificadas muralhas de concreto capazes de resistir a todos os choques mecânicos e térmicos que poderiam ocorrer em caso de fusão do núcleo da usina, como também em caso de dano causado por acontecimentos externos, como a queda de um avião. Meu interlocutor era um pesquisador especializado em resistência dos materiais e, ao mesmo tempo, um dos principais responsáveis pela segurança da usina nuclear em questão. Ele era categórico quanto à confiabilidade desses materiais. Como eu apresentava um ponto de vista mais reservado, ele respondia com um argumento que julgava praticamente indiscutível: esses materiais eram regularmente testados e submetidos a perícias. Assim, concluía, a partir dos resultados obtidos, que nenhuma falha desses materiais era possível. A certeza desse perito era autêntica, mas baseava-se em um desconhecimento do trabalho necessário durante a perícia.

Acontece que na mesma época eu tratava, no meu consultório de psiquiatria, um técnico que trabalhava em um instituto responsável pelos testes de materiais para obras públicas, e em particular para usinas nucleares. O pobre homem padecia de uma patologia persecutória. Porém, como é freqüente nesses casos, seu delírio continha fragmentos de verdade. Esse homem tinha adoecido porque era muito apegado às regras de sua profissão. Ora, os testes sobre os materiais pressupõem medições muito complexas, feitas com aparelhos sofisticados, que ele conhecia por experiência há décadas. Meu paciente instalava seus instrumentos e, em seguida, tirava suas medidas. Depois, o concreto era submetido a compressões mecânicas por meio de prensas extremamente potentes, e as medidas eram refeitas. Só que, há vários anos, a direção do instituto havia sido mudada, inclusive os engenheiros, que agora eram formados para a gestão e para a busca desenfreada de rentabilidade. Era preciso produzir — e produzir rápido. Os testes deviam ser feitos de maneira cada vez mais acelerada. Aos poucos, esse técnico tinha sido obrigado a entregar os resultados de suas medições sem respeitar os prazos necessários para que fossem confiáveis. Segundo ele, para que a medição fosse correta, era preciso que a compressão mecânica fosse mantida por vinte e oito dias. Ora, os resultados eram exigidos no prazo de cinco dias. Ele sabia que suas medições estavam, portanto, erradas. Olhando de perto, percebia-se que em todos os níveis as medidas eram feitas na correria, o que ele sabia perfeitamente, pois supervisionava todo o processo e o trabalho de sua equipe. Por mais que protestasse, suas observações não eram levadas em consideração. Ele estava totalmente isolado, mas possuía no entanto um vínculo autêntico com o real. Ele estava no real. Ele se encontrava na situação típica da alienação social descrita por François Sigaut (1990)[2], uma situação muito particular de alienação na

---

[2] Esse autor descreve processos distintos que o levam a reconhecer três tipos de alienação: a alienação mental, a alienação social e a alienação cultural.

A alienação mental corresponde ao que constitui o essencial da patologia psiquiátrica clássica. Caracteriza-se por uma dupla ruptura: por um lado, a do vínculo entre o sujeito e o real; por outro, a do vínculo entre o sujeito e outrem, estes sendo entendidos como aqueles que observam, reconhecem ou recusam a validade do vínculo que o sujeito pretende manter com o real. Aqui, digamos para simplificar, o colega. O sujeito que perdeu esses dois vínculos encontra-se em situação de alienação a acaba sendo, cedo ou tarde, entregue às instituições psiquiátricas.

A alienação social se caracteriza pela ruptura de um só vínculo, aquele que liga o sujeito ao julgamento de outrem. Sigaut insiste no fato de que, mesmo que o sujeito mantivesse com o real um vínculo de veracidade, ao ser recusado pelo julgamento dos outros, se vê relegado a uma situação escabrosa no plano psicológico. É, por exemplo, a situação do gênio ignorado, bem como a do meu paciente. Apesar de sua relação com o real do trabalho da perícia do concreto ser verdadeira, ele é contestado por seus colegas e superiores hierárquicos. Sigaut mostra que para o sujeito assim desacreditado pelos outros, o risco é perder suas referências, oscilar e cair em uma patologia mental: se, sozinho contra todos, ele vier a manter sua convicção, ele será ameaçado pela auto-referência e pela paranóia; se acabar por duvidar de suas próprias convicções, corre o risco questionar todos os conhecimentos que adquiriu e suas competências, até mesmo sua própria pessoa, e daí estará ameaçado pela depressão.

Infelizmente, apesar de ter uma origem totalmente diferente da alienação mental (ruptura de vínculo com o real), a sintomatologia da alienação social (que resulta de um processo de isolamento) é a mesma da alie-

qual a solidão desempenha papel central.

Os jovens engenheiros atualmente na direção do tal instituto desconheciam o princípio dessas medidas, ignoravam ou fingiam ignorar a realidade de sua aplicação efetiva. Nesse exemplo, encontramos novamente, na própria avaliação, a discrepância da qual falei. Esses engenheiros podem ser censurados, mas não havia má-fé. Assim, é muitas vezes dessa maneira que, nas novas formas de organização do trabalho, a discrepância entre o prescrito e o efetivo se apresenta. O técnico, isolado e finalmente rejeitado, contestado, zombado por sua hierarquia, depois por seus colegas, que tinham se resignado há muito tempo, tinha pesadelos durante a noite, nos quais se via no centro de um recinto de concreto onde via fissuras que se alargavam até ele ser sufocado e depois esmagado, sem que ninguém respondesse aos seus gritos de socorro.

Com base em tudo o que esse paciente me havia ensinado durante longos meses de tratamento sobre o trabalho real em perícia de resistência dos materiais, voltei a procurar o diretor de segurança da usina nuclear que eu estava analisando com argumentos bastante fundamentados, pois provinham diretamente da experiência subjetiva do trabalho de um técnico competente. O aca-

---

nação mental. A paranóia na alienação social tem exatamente a mesma forma semiológica que a paranóia na alienação mental. É por isso que, no fim das contas, meu paciente foi parar no hospital psiquiátrico.

Do terceiro tipo de alienação, a alienação cultural, falaremos somente mais tarde. Nesse caso, não há ruptura entre o sujeito e outrem. Ambos se reconhecem e perderam mutuamente o vínculo com o real. É o caso das seitas religiosas, dos comitês centrais de certos partidos políticos que perderam contato com as bases, ou dos estados-maiores de certos exércitos que se felicitam indevidamente por sua invulnerabilidade.

so quis que esse diretor estivesse chegando à idade de se aposentar. Foi somente após ter cessado suas atividades que o referido perito e diretor de segurança entrou novamente em contato comigo: havia encontrado tempo para se debruçar sobre o problema que eu levantara e chegara à conclusão de que, de fato, eu tinha razão.

A perícia e a avaliação não são mais fundamentadas cientificamente e perdem o valor se não se levar em consideração o conhecimento específico do real que é acessível apenas pela experiência do trabalho. Cada vez que a ciência é submetida à prova do trabalho, ela é questionada.

Dispensar a referência ao trabalho real tem a considerável vantagem de dissimular os problemas levantados pela periculosidade de certos objetos técnicos utilizados pelas empresas de risco. De fato, a análise do trabalho efetivo mostra que as instalações nem sempre funcionam de maneira satisfatória. Fazer referência ao trabalho é revelar as inúmeras disfunções, panes, incidentes, fenômenos inexplicáveis, acidentes que, justamente, o trabalho compensa e, sobretudo, esforça-se constantemente para prevenir, graças ao zelo dos técnicos — ou seja, ao trabalho que não é dado pelas normas, previsões e prescrições. O trabalho real é vítima de uma negação institucional porque, cada vez que é analisado de perto, revela as deficiências da predição e da concepção das instalações de produção.

Muitos processos técnicos de produção, tanto na indústria (química ou nuclear) quanto na agricultura e na pecuária, até mesmo no setor de serviços (planilhas informatizadas), implicam riscos que só são socialmente aceitáveis se tiverem o benefício da garantia e a autoridade de demonstrações científicas indiscutíveis. Desse modo, o trabalho, por revelar eletivamente a resistência do mundo ao conhecimento, *funciona como a má consciência da ciência*. Essa é provavelmente uma das razões pelas quais, sem que se tenha sempre consciência disso, ele contribui para a aversão experimentada por muitos cientistas e pensadores em relação ao trabalho: as ciências do trabalho têm o defeito de perturbar a ordem da ciência e do conhecimento.

Meu paciente foi aposentado por invalidez e as perícias de materiais no instituto de testes da construção civil e de obras públicas continuam sem que algo tenha sido questionado. Vocês sabem certamente que muitos incidentes foram recenseados nos recintos de concreto das usinas nucleares que mostram, como se isso fosse preciso, que as perícias e predições científicas mais bem argumentadas nunca são totalmente confiáveis se não forem cotejadas com o trabalho que está no interior ou é subjacente à própria perícia. A referência ao trabalho como mediação absolutamente necessária para se ter acesso ao real não invalida a perícia nem a avaliação, mas obriga pelo menos a certa modéstia quanto à interpretação e à utilização que se pode fazer delas.

Avaliação, quer goste ou não!

Outras fontes de distorção da avaliação devem ser mencionadas por serem particularmente ardilosas. Enquanto a avaliação enfrenta dificuldades práticas que resultam diretamente das questões teóricas, que procurei considerar sob o termo "invisibilidade do trabalho efetivo", a direção de certas empresas se recusa a capitular. Uma vez que a avaliação é necessária, será realizada, custe o que custar. É fácil caçoar, ironizar, mas estamos todos presos na mesma armadilha, sem exceção.

Na década de 1980, a direção de uma indústria de processo decidiu substituir os técnicos e profissionais por pessoas treinadas em avaliação, ou seja, por gestores. Foram empregados, portanto, jovens com dois anos de curso superior,[3] provenientes de formações em gestão. Evidentemente, esses jovens diplomados não conheciam o trabalho de manutenção, mas eram encarregados de controlar a qualidade e avaliar os desempenhos. Não se trata de piada e não é uma situação excepcional: acontece em muitas empresas de processo onde fiz intervenções. Quando uma empresa age dessa forma, as outras passam a fazer o mesmo: "se fazem isso lá, deve ser bom, então vamos fazer a mesma coisa aqui". Enquanto isso, os técnicos de nível médio eram, como se diz hoje, "colocados na geladeira"[4] (Lhuilier, 1999). Quanto aos técnicos de manutenção, sua categoria era progressivamente eliminada. A tarefa dos recém-formados consistia em controlar o trabalho de operários e técnicos que passaram a ser levados aos canteiros de obra por empresas terceirizadas, portanto, mais flexíveis. Em que consistiam os controles efetuados por esses jovens gestores? Não conhecendo o trabalho, apenas podiam controlar planilhas técnicas e relatórios de atividade do operário, do técnico, da equipe ou da empresa terceirizada. Como indicam as pesquisas, esses controles se tornam controles de papel e só mantêm uma relação inconstante, e até

---

[3]   En francês: *Bac + 2* [N.T.].

[4]   Em francês: *placardisé*. No Brasil também pode ser "encostado", "colocado na geladeira" [N.T.].

mesmo incerta, com o real. Apesar de tais controles não serem confiáveis, a direção da empresa não se preocupa com isso. Ela pretende escapar aos riscos já que, em compensação, tem o controle da segurança graças aos automatismos por um lado e, por outro, possui até mesmo o controle sobre as instalações, pois exige das empresas terceirizadas contratos de qualidade total, dos quais já vimos os efeitos perversos.

Todas essas objeções aos conceitos e métodos de avaliação, que podem ser formulados a partir das ciências do trabalho, não impedem que a avaliação esteja se impondo progressivamente em todos os setores do trabalho. Uma disputa ferrenha ocorreu ao longo das décadas 1980 e 1990 entre as ciências do trabalho e as da gestão. A vitória está incontestavelmente do lado das ciências da gestão — temos de reconhecer, é um fato.

Os estragos da avaliação

Conseqüências industriais e econômicas

Infelizmente, como os gestores têm condenado muitas vezes os acessos ao real do trabalho, livrando-se dos retornos de experiência sobre ele, chegando até a silenciar operários experimentados, como ocorre cada vez mais na indústria, ou ainda "veteranos", como ocorre nos hospitais, no postos de previdência social ou nos bancos, sob o pretexto de que resistem à mudança — a mudança, aqui, é impor os imperativos da gestão contra o trabalho —, chega-se a avaliações lisonjeiras que muitas vezes apresentam vínculos frouxos com o real. Assim, as direções das empresas se apóiam confortavelmente em avaliações agradáveis, porém, desconectadas do real, que somente a referência ao trabalho torna acessível.

Chega-se então mais uma vez à situação descrita magistralmente por François Sigaut, desta vez com o nome de alienação cultural. (SIGAUT, 1991). Congratulam-se uns aos outros pelo sucesso que todos obtiveram juntos. Então, não estamos mais sozinhos: estamos todos juntos. Entregam-se medalhas mutuamente. Somos ótimos mesmo. Mas com um detalhe: perdem contato com o mundo, não têm mais relação com o real, pois perderam relação com o trabalho. Isso se chama alienação cultural. Para ilustrações eloqüentes, vejam a obra de Michel Llory, ex-diretor do Departamento de Estudos e Pesquisas em Segurança e Confiabilidade da EDF (Electricité de France). (LLORY, 1996)

Às vezes, apesar da denegação que sofre, o real volta a aparecer. Mas em geral, como muitos esforços foram feitos para impedir que ele volte, quando volta, é na forma de uma catástrofe. Não vou falar da agricultura, setor que não conheço ainda muito bem, mesmo que os trabalhos de Jocelyne Porcher e Michele Salmona digam muito a um clínico do trabalho. O acidente da usina química AZF, em Toulouse, ocorreu em uma empresa que possuía todas as certificações de qualidade total, e um bom número de catástrofes financeiras ocorridas nestes últimos anos pode ser analisado de maneira convincente pela referência à negação do "trabalhar" e aos efeitos perversos dos impensados da avaliação na indústria bancária, como mostra François de Lacoste-Lareymondie (2003) a respeito do caso Enron. Pode-se pensar em outros exemplos: as certificações estavam todas em dia no caso dos pneus dos carros 4x4 da General Motors nos Estados Unidos, que mataram tanta gente; da mesma forma, a qualidade total e todos os critérios de avaliação estavam presentes na Toyota quando chamaram de volta um milhão de veículos espalhados pelo mundo por defeitos de segurança.

Essas catástrofes são a primeira das conseqüências deploráveis de decisões fundamentadas na avaliação do trabalho, em relação às quais procurei mostrar que sempre são insuficientes. Chamo sua atenção para o fato de que cada vez mais argumentos convergem para a hipótese de que a avaliação do trabalho é enganosa e que, portanto, é uma causa possível de catástrofes industriais e comerciais. Mas há outras conseqüências.

Conseqüências para a saúde dos trabalhadores

A avaliação do trabalho também tem conseqüências prejudiciais para a saúde dos homens e das mulheres que trabalham. O caso anteriormente mencionado do meu paciente, técnico do laboratório de testes da construção civil e obras públicas, não é excepcional. A avaliação do trabalho, mesmo sendo contestável por seus fundamentos e métodos, funciona de fato como um instrumento de gestão. No final das contas, a avaliação no contexto de enxugamento de pessoal e intensificação do trabalho age essencialmente como uma ameaça, como mostraram Balacz e Faguer (1996).

Entre os diferentes métodos, a avaliação individualizada do desempenho mostra-se, sem dúvida, a mais nociva e amedrontadora, pois, por falta de fundamentos científicos rigorosos, por falta de métodos ou, mais exatamente, de metodologia digna desse nome, tal avaliação contém um quê de arbitrariedade. Com a avaliação individualizada do desempenho, o medo passa a fazer parte de maneira intensa do mundo do trabalho. Não há nada de novo nos sentimentos de injustiça provocados pelas apreciações às quais os trabalhadores são submetidos. O que é novo é que, agora, as pessoas se encontram sós diante desses novos métodos de avaliação. De fato, a avaliação individualizada gera condutas de concorrência generalizada entre trabalhadores que chegam até à deslealdade. O resultado mais tangível desses novos métodos de avaliação é a desestruturação da solidariedade, da lealdade, da confiança e do prazer de conviver no trabalho. Essa solidão que Hannah Arendt (ARENDT, 1989). chamou de "desolação" torna os indivíduos muito mais vulneráveis à avaliação e à punição.

Não dá para não falar disto, ainda que tal evolução seja meio angustiante: há suicídios de trabalhadores no local de trabalho — uma novidade, algo que não existia antes. Esses suicídios, que estão ocorrendo há cinco ou seis anos, estão diretamente relacionados à "desolação". Aqui, novamente, trata-se apenas da parte visível do *iceberg*, pois todos os profissionais de saúde — a começar pelos médicos do trabalho — estão de acordo em um ponto: as patologias mentais ligadas ao trabalho não param de crescer e essa evolução é indissociável do impacto no trabalho provocado pelas novas formas de avaliação e gestão que foram introduzidas há cerca de quinze anos na França (ASMT, 1994). O mais paradoxal, e também o mais diretamente ligado a esse método, talvez o mais nocivo dos efeitos da avaliação individualizada do desempenho, é, sem dúvida, o aparecimento das *patologias de sobrecarga*, algo realmente paradoxal. Afinal, não foi anunciado que a robotização, a mecanização e a informática iriam nos livrar do trabalho; que, aliás, não haveria mais trabalho? Não fora anunciado o fim do trabalho? Em meio a esse belo conjunto de delírios e negação da realidade, o que acontece conosco, que estamos na outra ponta? Nós, os clínicos, que somos a equipe de resgate atrás do pelotão? Recolhemos os doentes, que são muitos. Cada vez mais. Algo estatisticamente visível! Entre as patologias de sobrecarga, os distúrbios osteomusculares trazem questões muito interessantes do ponto de vista da etiologia, isto é, dos processos fisiopatológicos e psicopatológicos subjacentes: o *burn-out*, o *Karôshi* (morte súbita, descrita no Japão), mas também o uso de remédios, as toxicomanias — boa parte dos toxicômanos, principalmente entre os executivos, tem relação com a sobrecarga do trabalho — e, evidentemente, as depressões.

A articulação entre a avaliação individualizada e as tecnologias informatizadas que permitem a rastreabilidade leva muitos trabalhadores a perder totalmente a possibilidade de controlar o acréscimo de sua carga de trabalho, e por causa disso adoecem.(GOLLAC, M.; VOLKOFF, S., 1996) Os centros de pesquisa não escapam dessa tendência. O recurso à avaliação gera um acréscimo dos constrangimentos de trabalho, pois traz consigo a necessidade de algo conhecido como "valorização", ingrediente incontornável da avaliação.

Repensar a avaliação

A demanda da avaliação

Então, deve-se renunciar à avaliação ou repensá-la? Embora minhas colocações possam parecer uma acusação, não visam, no entanto, recusar a avaliação do trabalho. Buscam apenas mostrar suas dificuldades, e também seus impasses. E se há denúncias em minhas colocações, estas visam unicamente aos maus usos da avaliação, que começam assim que se pretende ter, por seu intermédio, um acesso racional à objetividade. A busca da avaliação do trabalho continua sendo, em minha opinião, um objetivo legítimo. Por quê? Primeiro e antes de tudo, porque a maioria dos que trabalham a deseja. A avaliação carrega a possibilidade, para o trabalhador, de um retorno de informação sobre a utilidade e a qualidade do que ele oferece de si à empresa, à instituição, às empresas agrícolas ou à administração. Isto posto, a avaliação do trabalho, no atual estado dos conhecimentos, *depende dos meios dos quais dispõe para elucidar o trabalho concreto. Não há, hoje, avaliação objetiva possível.*

O objetivo mais ambicioso que se pode ter é o de uma avaliação eqüitativa. A equidade possui um objetivo limitado: o de devolver a cada um o que ele está no direito de esperar considerando-se as desigualdades e imperfeições que toda avaliação do trabalho implica inevitavelmente; o que todo mundo pode saber, e finalmente aceitar. É assim! A avaliação eqüitativa tende para um ideal e esse ideal é mais o da justiça que o da verdade. Em outras palavras: uma avaliação eqüitativa pressupõe que sejam levados em conta não somente critérios relativos à verdade das circunstâncias no mundo objetivo, mas também critérios de justiça e relativos à saúde de cada indivíduo que trabalha.

Bem antes dessa chamada "virada neoliberal", a avaliação era, sem dúvida, uma preocupação muito presente no mundo do trabalho. A diferença, provavelmente, é que na época não se pretendia que tudo neste mundo fosse avaliável! Não se tinha essa idéia aberrante da qual somos hoje quase todos completamente cativos, que provém, *stricto sensu*, do imaginário social. Nem tudo neste mundo é avaliável! Muitas atividades não eram avaliadas, pelo menos não indivíduo por indivíduo; e não se recorria à avaliação do trabalho, mas somente à avaliação dos custos. Mesmo assim, não se pode dizer, contrariamente ao que é comum pensar hoje, que não se trabalhava bem em outras épocas. Mesmo na falta de uma avaliação reconhecida como tal, as pessoas não deixavam de pensar que havia na França muitas marcas de excelência em comparação aos países vizinhos, em particular no setor público. O transporte ferroviário, por exemplo, era o melhor do mundo. A educação nacional era invejada por todos. Os hospitais e o setor de saneamento básico eram de qualidade. O correio e as telecomunicações, o transporte público e a rede de energia elétrica figuravam entre os melhores do mundo. É evidente, então, que não se trata de fornecer uma imagem mais ou menos mítica de um passado paradisíaco ou idílico que não existe mais. Ocorriam muitos incidentes, acidentes, panes, disfunções, erros etc. Entre os trabalhadores havia preguiçosos, incompetentes, encostados, fraudadores e também havia faltas sem justificativas. Nem por isso os desempenhos deixavam de ser muitas vezes excelentes. Ora, não havia avaliação. Então, como é que se obtinha mesmo assim um controle da qualidade, da produtividade e da segurança? Simplesmente graças à poderosa mobilização subjetiva de um grande número de trabalhadores, de maneira individual e sobretudo coletiva.

Estudei por muito tempo os mecanismos da mobilização individual e coletiva no trabalho. Como indiquei no início trabalhar implica inevitavelmente sofrer por um lado e correr riscos por outro. A mobilização subjetiva está ligada a uma dinâmica que, acredito, é bem conhecida atualmente. Ela se baseia no binômio contribuição–retribuição. Em troca da contribuição que traz à organização do trabalho, cada indivíduo espera uma retribuição. Ao contrário do que se pensa geralmente, o componente da retribuição que mais conta não é sua dimensão material (salário, prêmios, promoção etc.), mas sua dimensão simbólica. Dimensão esta que nos leva a trabalhar e que se expressa de uma forma principal: o reconhecimento, tanto o reconhecimento como gratidão quanto o reconhecimento como sinal de recebimento da contribuição. O reconhecimento, insisto, diz respeito ao fazer, não ao ser, ao trabalho e não à pessoa. Em um segundo momento, o reconhecimento do trabalho, o reconhecimento por outrem no registro do fazer, pode eventualmente ser deslocado pelo próprio sujeito para o registro da pessoa, para o registro do ser.

Graças ao trabalho e ao reconhecimento deste, o sujeito pode obter benefícios pelo seu esforço para a sua identidade pessoal. Então, trabalhar deixa de significar apenas produzir, mas também transformar-se. A motivação fundamental da mobilização no trabalho é a expectativa do sujeito em relação à própria realização. Trata-se de um motor extremamente potente. Quando se é beneficiado por esse reconhecimento, o trabalho se torna um mediador decisivo para a construção da identidade e, por conseguinte, da saúde mental — até mesmo da saúde física. Caso contrário, em não havendo reconhecimento, além do sofrimento inevitável que isso ocasiona para quem trabalha, o trabalho pode levar à descompensação psicopatológica e à doença. O reconhecimento não é uma avaliação objetiva, mas uma forma de julgamento que contém efetivamente uma parte de avaliação — avaliação eqüitativa, justamente — condensando, ao mesmo tempo, critérios de eficiência e de justiça.

A análise mais aprofundada da "psicodinâmica do reconhecimento", este é o seu nome, mostra que esta passa por julgamentos extremamente precisos. O primeiro é o julgamento de *utilidade*, não de desempenho ou de rentabilidade como comumente é proferido pelos superiores hierárquicos, e eventualmente pelos subordinados — que sabem muito bem se o que o chefe está fazendo é útil ou não para eles —, ou ainda pelos clientes. Diz respeito à utilidade técnica, social ou econômica da contribuição. O segundo é o julgamento de beleza, que diz respeito à conformidade com as regras da arte, do ofício, e que é proferido pelos que conhecem o trabalho de dentro. Trata-se do julgamento dos pares, dos colegas diretos, e por isso mesmo é o mais precioso e realmente fundamentado na referência ao real do trabalho, às dificuldades da tarefa e aos esforços feitos pelo trabalhador. Na ausência de uma avaliação, e muito antes que se falasse nela, funcionava a psicodinâmica do reconhecimento, que, além de tudo, supunha certa dose de confiança e de lealdade entre o que trabalha e os que julgam. Pois o reconhecimento é, sobretudo, mais julgamento que medição, algo bem diferente.

No contexto do trabalho atual, no qual a confiança, o convívio e a solidariedade foram desestruturados pelas novas formas de organização do trabalho, gestão e administração, as condições de julgamento e de reconhecimento encontram-se fortemente comprometidas. É possível restabelecê-las? E aliás, será que isso bastaria para substituir a avaliação? Sem dúvida, é factível restabelecer as condições que tornariam possível o julgamento entre pares, mas isso supõe uma política do trabalho bem diferente das orientações que foram difundidas com a virada neoliberal — e principalmente com a avaliação individual dos desempenhos. Todavia, e quero chamar a atenção para este ponto: mesmo que se conseguisse restabelecer condições favoráveis para o julgamento do reconhecimento, isso poderia não bastar. Porque o trabalho, em essência, sofreu mutações qualitativas sobre as quais não se pode voltar atrás. O trabalho produtivo *stricto sensu*, industrial e agrícola, diz respeito a uma população em constante diminuição. Em contrapartida, o que se desenvolve em uma velocidade impressionante — como já falei a respeito —, são as atividades de serviço. Além disso, estas vêm evoluindo muito rapidamente, e as novas profissões surgem em quantidade, sem que haja perspectiva — este é um ponto importante — de uma estabilização como ocorria anteriormente no trabalho industrial e agrícola. Como as profissões são pouco estáveis e pouco duráveis, o reconhecimento da beleza e da qualidade do trabalho pelos pares se torna difícil, quando não impossível.

Há, portanto inevitavelmente, uma crise, mas não uma obsolescência total da dinâmica do reconhecimento. Acaba sendo preciso considerar a busca de outros meios para julgar o trabalho, meios que não estejam mais ligados à avaliação objetiva nem a um julgamento direto de reconhecimento pelos pares. Julgar a contribuição de cada um pressupõe, em primeiro lugar, poder descrever o trabalho em si nas atividades ditas de serviço e nas tarefas imateriais, das quais se sabe que não são diretamente observáveis, pois antes do reconhecimento é preciso que haja conhecimento do trabalho avaliado. Para reconhecer deve-se primeiro conhecer.

Estudos e pesquisas em andamento sugerem que a avaliação eqüitativa do trabalho nas tarefas imateriais supõe a injeção no dispositivo de investigação de uma ação de pesquisa. A avaliação eqüitativa supõe uma acoplagem permanente com pesquisas de campo sobre o trabalho concreto e efetivo. E é essa acoplagem permanente que representa um problema. Profissionais formados em pesquisa de campo deveriam ser integrados às equipes de avaliação das empresas e dos de serviços. Pode parecer algo pesado, mas não deve ser impossível. A formação desses profissionais especializados na investigação do trabalho real é possível. É preciso começar pela experimentação desses dispositivos inteiramente novos, no sentido de que introduzem, com novos custos, uma verdadeira referência às ciências do trabalho. Depois, é preciso provar que, embora à primeira vista caros, esses novos dispositivos não têm um preço exorbitante: o dinheiro gasto atualmente com avaliação, auditoria, perícias, valorização e aconselhamento poderia, quem sabe, ser utilizado de outra maneira.

Tudo isso se encontra, atualmente, em fase preliminar, e só poderá se desenvolver se orientações políticas forem adotadas nesse sentido. A princípio, nada as proíbe. O desafio, porém, é considerável, pois envolve a própria relação salarial. Juristas e economistas não sabem mais como tratar a questão dos salários, que estão cada vez mais desvinculados do trabalho real, o que provoca um mal-estar crescente que atinge atualmente toda a sociedade. No entanto, parece-se que terá de se encontrar um meio de instruir a questão dos salários, das remunerações e qualificações em um mundo econômico profundamente transformado pela explosão das atividades imateriais — o que implica, inevitavelmente, pesados investimentos nas ciências do trabalho.

Conclusão

A ciência é também, um trabalho. A avaliação da atividade científica está longe de ser satisfatória. Por um lado, ela apenas avalia os resultados da pesquisa, não o trabalho, os fracassos, o sofrimento, a mobilização subjetiva e a tenacidade que ela própria implica. Por outro lado, pelos critérios de avaliação, a ciência gera efeitos perversos. A corrida desenfreada por publicações e comunicações científicas, e principalmente a multiplicação de revistas, suportes especializados e colóquios, beira o absurdo. A avaliação é acompanhada de uma constante incitação à valorização da pesquisa. Pesquisadores se esgotam para reproduzir em uma quantidade desmedida publicações sobre o mesmo tema, o que no fim das contas prejudica o próprio trabalho da pesquisa. Nas instituições de pesquisas financiadas pelo Estado, estamos todos sujeitos a distorções particularmente deletérias. Distorções estas que já alcançaram os departamentos de pesquisa e desenvolvimento na indústria, por meio das modalidades de ação em qualidade, qualidade total e em certificações. Trata-se de um contra-senso: se a pesquisa científica é um trabalho, cabe a ela mais que a qualquer outro segmento conceder um lugar essencial ao fracasso. Trabalhar é primeiramente fracassar, depois obstinar-se e, algumas vezes, vencer a resistência do real. Mas o fracasso faz parte da pesquisa. Trabalhar é, também — já insisti nesse ponto —, usar de astúcia com relação às normas e às prescrições, por mais que todo mundo concorde em reconhecer que são úteis e indispensáveis. Mas a artimanha é necessária para dar à inteligência seu verdadeiro gênio: o de deslocar as idéias estabelecidas afastando-se dos caminhos de terra batida.

Não é fácil definir a noção de avaliação. Segundo o que se pode encontrar em um dicionário, avaliação seria "a apreciação ou conjectura sobre condições, extensão, intensidade, qualidade etc. de algo; a ação de determinar o valor ou a importância de uma coisa". Mas a avaliação é também o resultado dessa ação, ou seja, "o valor, a quantidade atribuída a uma coisa no término da ação que consiste em julgar ou medir essa coisa". Julgar ou medir? Toda a ambigüidade da noção de avaliação resulta da distância entre julgamento e medição. Avaliar o trabalho consiste em julgar o resultado de um trabalho ou em medi-lo? Esses dois termos são profundamente diferentes, pois não remetem, em absoluto, aos mesmos procedimentos. Julgar é formular uma opinião, um ponto de vista, um parecer, uma idéia ou uma apreciação a respeito do resultado de um trabalho. Medir é determinar o valor de certas grandezas por comparação com uma grandeza constante da mesma espécie, usada como padrão ou unidade. Como não sabemos medir o trabalho, só nos resta julgá-lo. Julgar o valor de um trabalho supõe conhecê-lo. Se pretendemos progredir na avaliação, e se quisermos nos livrar dos efeitos desastrosos dos atuais métodos de avaliação do trabalho sobre a saúde dos nossos contemporâneos, é preciso afrouxar a pressão exercida pela gestão e reinvestir nas ciências do trabalho.

Discussão

Pergunta: Como aproveitar, na avaliação, a experiência daqueles que se aposentam, o seu conhecimento do real do trabalho? Como, principalmente, utilizar seu "conhecimento pelo corpo"?

C. Dejours: Poderíamos tentar esboçar uma resposta simples, num primeiro momento: aqueles que chegam à idade de se aposentar poderiam efetivamente trazer uma contribuição valiosa à avaliação, se a avaliação for entendida não apenas como a medida quantitativa dos desempenhos, mas como o julgamento qualitativo sobre a conformidade com as regras da arte por um lado, e com o *saber-fazer* por outro lado. Vindo de pessoas que se aproximam da aposentadoria, portanto liberadas, em parte, das preocupações estratégicas e de carreira, poderíamos formular a hipótese de que teriam uma disposição mais favorável em relação àqueles cujo trabalho está sendo submetido à avaliação do que outros que estariam em situação de concorrência ou rivalidade com eles. Mas, a bem da verdade, para se certificar disso, seria preciso recorrer a experimentações. Será que se poderia chegar a integrar de maneira sistemática os aposentados nos júris da avaliação ou comissões de auditoria? Por que não? Sem dúvida valeria a pena experimentar. Mas seria necessário ter cuidado para não idealizar a postura do aposentado só porque possui uma experiência e um "conhecimento de corpo" do trabalho, pois um colega ou um antigo colega, quando colocado no papel de avaliador, está sujeito a assumir o papel daquele que presumidamente sabe, e assim corre o risco de ceder à tentação de se posicionar como se fosse um perito.

Uma outra resposta consistiria em implantar um dispositivo permitindo àqueles que chegam ao fim da carreira assumir um papel de formador perante os que estão encarregados da avaliação, de maneira a sensibilizá-los para as dificuldades do trabalho de produção que, não sendo visíveis, correm o risco de escapar à análise da avaliação.

Porém, a resposta a esta pergunta não é simples, uma vez que a referência ao que está contido no "conhecimento de corpo" parece sempre, no trabalho comum, condenada a permanecer implícita e coloca, por essa razão, sérios obstáculos à transmissão,e portanto, à avaliação.

Parece que o *saber-fazer*, em particular o saber-fazer do corpo, não é adequadamente transmitido ou simplesmente não é transmitido. A questão é séria: pode-se temer que a cada geração tudo o que foi adquirido seja perdido. As razões que levam a pensar que a transmissão não ocorre é precisamente porque uma vez que esse *saber-fazer* está no corpo, boa parte dele escapa à semiotização. As pessoas têm muita dificuldade em passar da experiência vivida, do engajamento do corpo na habilidade, para uma forma de conhecimento transmissível; em transformá-lo o que sabem através de um trabalho de formalização — eu deveria dizer de elaboração ou "perlaboração", já que se trata efetivamente do estado de experiência para uma forma simbolizada. O que se transmite são conhecimentos, mas não diretamente o *saber-fazer* do corpo. Em outras palavras, é preciso aprendê-lo por si mesmo. Delbos e Jorion, que citei no começo, fizeram um estudo sobre os "maricultores/ostrieculturoes" e os salineiros, e a maneira como, entre eles, o *saber-fazer* é transmitido dos veteranos para os novatos. Acontece que essa transmissão não é feita diretamente. O jovem que está começando deve primeiramente observar os profissionais experimentados — há, portanto, uma parte de imitação —, mas principalmente ele tem que se submeter a uma experimentação pessoal de confrontação entre o sujeito e a maneira como o mundo do trabalho, os objetos técnicos, a matéria eventualmente, resistem a ele. É preciso fracassar e recomeçar; é preciso refazer essa aprendizagem. No fim das contas, é cada um por si; é preciso redescobrir por si só.

Vocês podem considerar que é uma pena. Ao mesmo tempo, pode ser uma sorte para cada um de nós poder se pôr à prova no decorrer da aprendizagem que, finalmente, não é uma verdadeira transmissão. Docente no campo da psicologia, constato que o que se consegue transmitir a psicólogos são conhecimentos sobre o funcionamento psíquico, a saúde mental, a subjetividade. Já cada um deve aprender o *saber-fazer*. Não sei formar verdadeiramente estudantes. Eles próprios precisam se pôr à prova. Há, quem sabe, um modelo que permita fazer a junção entre a transmissão clássica e a experimentação por si mesmo. Trata-se do modelo da supervisão, muito usado na psicologia. O aprendiz, ou aquele que estuda, coloca-se à prova em campo, no encontro com os doentes (como em outras profissões no encontro com a máquina, com as salinas ou com a pesca), e ele transmite sua própria experiência a alguém mais velho. É, portanto, a ele que cabe o esforço de falar da sua experiência, confrontando então esta com a dessa outra pessoa. Mas é somente a partir de sua própria experiência que ele pode começar a compreender o que o outro está dizendo. Trata-se realmente de algo complexo uma vez que é preciso recorrer a uma fala que é muito deficitária quanto às palavras e ao léxico dos quais dispomos para contar isso tudo. Mas usa-se esse recurso. Finalmente, a tutoria é uma forma nobre de transmissão de saber-fazer, em acordo com as modalidades próprias aos ofícios.

Apesar de tudo, nas profissões tradicionais, conseguia-se transmitir alguma coisa por meio de um longo convívio dos mais novos com os mais velhos. E, justamente, com base nessa experiência e nesse conhecimento do trabalho, defendo pessoalmente que seja deixado um lugar importante para os veteranos. Inclusive na pesquisa. Acho que a presença dos veteranos, dos profissionais, daqueles que têm experiência em campo, é importante. Não acredito que o que há para ser transmitido possa ser capitalizado na forma de textos. Podem-se fazer pesquisas do tipo etnográfico: fixam num dado momento uma fotografia de um meio, mas não dão a possibilidade de usá-la. Não é lendo uma pesquisa etnográfica que se aprende a trabalhar. Tem que "se haver" sempre com o real e com aquilo que resiste.

As pessoas mais velhas não trabalham como as mais novas porque trabalham de maneira bem mais econômica. Aprenderam — é uma das formas da *métis*, dessa inteligência do corpo — a poupar esforço. Tem coisas que a gente só aprende com dez, quinze, vinte anos de profissão. Como economizar o esforço? Penso que, antigamente, sabia-se respeitar e usar o saber dos veteranos, e que não se sabe mais porque, agora, as pessoas são levadas a se aposentar o mais cedo possível — o que considero muito prejudicial —, com o pretexto de que estariam mais lentas, o que é impossível afirmar. Eles são até mais econômicos e mais rigorosos, muitas vezes cometem menos erros, menos estragos, produzem menos refugos.

Quero também dizer uma palavra sobre um ponto que de certa maneira faz parte da questão. Trata-se dos aspectos positivos do convívio e das relações de confiança. Se, por um lado, há inevitavelmente no trabalho preocupações estratégicas, se as pessoas tendem a reter informações ou seus saberes, por outro lado, quanto melhores forem as relações entre as pessoas, melhor será a circulação e a transmissão dessas informações ou saberes. Ainda é o psicólogo, o clínico que está falando: a questão do convívio não é uma questão de suplemento de alma, é uma questão vital da organização do trabalho. É nos espaços de convivência que se dá, fundamentalmente, a transmissão. No hospital, entre as enfermeiras, por exemplo, é bastante claro que é na copa, na hora do café, por estarem contentes de se encontrar, que trocam anedotas sobre o trabalho e que, ao mesmo tempo, se submetem ao olhar do outro. Isso de fato acontece todo dia no trabalho: a condição que haja a vontade de se encontrar. Trabalhar é não somente se defrontar individualmente com o real e experimentar o fracasso, mas também produzir coletivamente maneiras de trabalhar representando um consenso, ou seja, produzir regras de trabalho. Não se trabalhava em 1980 como se trabalha em 2000. As regras mudam e evoluem. Ora, não evoluem sozinhas, mas porque as pessoas trocam, discutem, porque acabam entrando em conflito quanto às regras de trabalho e porque conseguem, em muitos casos, criar compromissos.

Seria possível mostrar com detalhes que as regras de trabalho sempre associam duas coisas: a maneira de trabalhar e a maneira de viver junto. Trabalhar é também viver junto. Portanto, todas as regras de trabalho contêm essa dupla polaridade: ao mesmo tempo técnica e finalmente moral-prática ou social. Podemos entender, então, que os espaços nos quais se renovam e se transformam as regras, que contribuem para fazer evoluir a organização do trabalho, mas dessa vez coletivamente, envolvam fundamentalmente as relações de convivência e os espaços informais do trabalho.

A minha resposta pode parecer complicada, porque muitas coisas precisam ser levadas em consideração. Para responder a essa pergunta, eu precisaria provavelmente pensar que é nas relações de convivência e pelo reconhecimento da maneira como as pessoas experientes trabalham que, finalmente, se pode conseguir uma transmissão. Mesmo assim, isso envolve muitas vezes uma relação, senão de enfrentamento, pelo menos de confrontação das maneiras de fazer. A transmissão não se faz diretamente. No fim das contas, é pelas controvérsias, pelos debates, pela discussão contraditória, que se aprende coisas, inclusive no trabalho comum, e não apenas na pesquisa.

Pergunta: *O senhor disse que a avaliação menos ruim é feita pelos pares. Será verdade? E se for o caso para os pesquisadores, o que acontece com os tecnólogos?*

C. Dejours: A avaliação menos ruim seria feita pelos pares. Não é exatamente o que eu quis dizer e devo ter me expressado mal...

Pergunta: *Na pesquisa, e principalmente num contexto pluridisciplinar, não seria necessário distinguir entre os pares das revistas às quais um texto científico é submetido e os pares na coletividade de trabalho efetivo?*

C. Dejours: O trabalho do pesquisador possui diferentes dimensões, e o trabalho de publicação faz parte delas. Há diversos níveis possíveis de confrontação com os pares em contextos que não são exatamente os mesmos, e dos quais provavelmente seria também necessário fazer uma síntese. Não há nenhuma razão para se deixar as publicações fora da avaliação, do julgamento ou da apreciação que podem ser feitos do trabalho de um pesquisador. Em compensação, não tenho certeza de que usar esse único critério seja sempre justificado ou não seja contraproducente.

O julgamento dos pares é uma peça de um dispositivo, mas é apenas uma das peças. O julgamento de beleza, que conota de certa maneira a conformidade às regras, tem um peso considerável, porque reconhecer a conformidade de um trabalho às regras da arte permite, no final das contas, àquele que se beneficia desse reconhecimento do seu trabalho, transferir esse reconhecimento, *a posteriori*, para um registro muito importante para a identidade, o do pertencimento. Dizer a alguém que ele respeita as regras da arte, é dizer a ele, ao mesmo tempo, que ele faz parte da profissão, de uma comunidade de pertencimento, de uma comunidade de profissão ou até, de maneira mais modesta, que faz parte de um coletivo.

O pertencimento é, finalmente, a esconjuração da solidão. Portanto, não é desprezível. Pode ser que o trabalho seja também um meio, ou uma segunda chance, de vencer a solidão. Muitos de nós temos uma vida afetiva meio atribulada e, às vezes, literalmente fracassada. Sou psicanalista: a realidade clínica é que a vida íntima das pessoas funciona mais ou menos, em algumas ocasiões, muito bem, mas freqüentemente com dificuldades, e às vezes leva à solidão. O trabalho é um meio de reconquistar relações verdadeiras com os outros. Não são relações de amor; são relações de pertencimento, de coletivo, de cooperação, mas que contribuem para manter a identidade e, portanto, para não deixar que muita gente fique louca. No final das contas, a identidade é o arcabouço da saúde mental.

Esse julgamento dos pares diz respeito, evidentemente, às regras da arte. Para tanto, é preciso que haja uma arte. Será que isso não funciona com os tecnólogos? Não sei, porque não fiz nenhuma pesquisa a respeito. Além disso, tecnólogos é uma categoria extremamente heterogênea, não é uma profissão. Mas não consigo acreditar que, mesmo nas tarefas supostamente desqualificadas, não se tenha a possibilidade de constituir regras comuns de trabalho. Penso que as secretárias são aptas a se apreciar mutuamente, a saber se a outra faz um bom trabalho ou não. Penso que isso é perceptível principalmente quando é necessário trabalhar em equipe ou sucedendo-se uns(umas) aos(às) outros(outras) numa mesma tarefa. Certamente dá para perceber como o trabalho daquele que veio antes foi feito, como foi pensado para ser utilizável pelo outro. Estou falando das secretárias, mas acho que se poderia falar o mesmo dos técnicos.

Para que o reconhecimento dos pares seja possível entre os tecnólogos — e penso que não se deve renunciar a ele —, é preciso voltar à idéia de uma investigação do trabalho real dos tecnólogos, ou, pelo menos, de certos grupos de tecnólogos quando se trata deles especificamente. Mas é pouco provável que sejam encontradas tarefas que ninguém conseguiria reconhecer, em particular aqueles que as realizam. Vejamos, por exemplo, o trabalho de faxina: quando se vai a hotéis para realizar investigações com as camareiras, percebe-se que aí também existem regras de profissão, que inclusive são muito complexas, e que é perfeitamente possível reconhecer essas regras. Minha resposta é evidentemente um pouco abstrata, já que nunca fiz pesquisas diretas sobre os tecnólogos, portanto, confesso que não sei.

Pergunta: Será que a avaliação não se torna necessária devido ao aumento do tamanho das empresas, e quem sabe da diminuição da parte concedida às relações humanas?

C. Dejours: Pessoalmente, não creio. Sempre houve necessidade de centralizar certo número de informações, apreciações e avaliações sobre as pessoas que trabalham. Acho que não há razão, em nome da referência ao trabalho, de deixar de lado os imperativos econômicos, os imperativos de produção, de eficácia. Acho que não é preciso, e quem sabe nem mesmo legítimo, suprimi-los da relação com o trabalho. Acho que cada um de nós preza muito a eficácia do seu próprio trabalho. Poder fazer um trabalho eficaz, quer dizer, trazer uma verdadeira contribuição, faz parte dos nossos anseios. Não se trata apenas de fazer coisas que sejam bonitas. A questão da eficácia, que também vai se colocar no julgamento de utilidade, diz respeito tanto àquele que trabalha na base quanto àquele que trabalha no topo, com a responsabilidade de gerir o conjunto da organização. A maioria de nós deseja ser útil. Basta, para se convencer disso, olhar para as pessoas que são "colocadas na geladeira" ou que estão desempregadas há muito tempo. Elas são "inúteis". Essa inutilidade significa que não podem trazer uma contribuição à sociedade, a uma organização, a uma instituição pública, ao Estado, à cidadania e que, privadas desse direito de trazer uma contribuição, não podem gozar da retribuição simbólica que é o reconhecimento. Para a identidade, trata-se de uma situação muito perigosa e, de maneira geral, pessoas desempregadas por um longo período estão numa situação frágil do ponto de vista psicopatológico.

Pessoalmente, não creio que o tamanho das empresas seja a questão. Antigamente já havia empresas bastante grandes e outras pequenas. A avaliação é necessária, e acho sinceramente que é uma necessidade amplamente compartilhada. Cada um de nós precisa dela; ela é um desejo de cada um de nós. O que está em discussão é, evidentemente, o tipo de avaliação. E, é claro, há diferenças entre o tipo de avaliação que desejamos quando trabalhamos e aquela que pretendemos quando somos gestores, administradores, quando dirigimos. Nem precisa falar que vários de nós, às vezes como trabalhadores e às vezes como gestores, vivenciamos situações meio delicadas; olhando de perto, podemos verificar que as contradições nem sempre são bem assumidas por aqueles que estão nesta posição.

Acho que a necessidade de avaliação não aumenta. Simplesmente os métodos de avaliação transformaram-se e, de fato, foram impostos maciçamente em nome da gestão. Pode ser que o tamanho das empresas tenha nisso uma pequena contribuição, mas finalmente é a generalização da concorrência e a ampliação do mercado que impõem os balanços quantitativos como os únicos que sejam objetivos e críveis. É usando números que as pessoas se confrontam, em particular por causa da intervenção da Bolsa de Valores.

Quanto às relações humanas, não tenho certeza de que a parte que hoje em dia é concedida a elas formalmente seja menor do que antigamente. Em certas linhas de montagem automobilística, era comum alternar intencionalmente as nacionalidades dos operários para que não pudessem conversar entre si. Em certas fábricas, após vários anos de trabalho, certos operários nem mesmo sabiam os nomes dos outros. Hoje se preconiza mais do que nunca a comunicação, a animação, as relações amáveis e sociáveis com os clientes, com os usuários; organiza-se em muitos lugares estágios de análise transacional, coloca-se a psicologia em tudo como se coloca óleo nas engrenagens, louva-se o consenso, a cultura de empresa etc. Em suma, nunca se falou tanto em relações humanas. Evidentemente, elas são reduzidas estritamente à sua dimensão instrumental e estratégica, de maneira que a parte concedida à convivência não é mais importante do que era antigamente. A redução do tempo de trabalho, a intensificação do trabalho, levam ao desaparecimento progressivo das trocas informais e, globalmente, a uma desestruturação do viver junto. Será uma razão para recorrer, mais do que no passado, à avaliação? Não vejo relação de causalidade direta. Eu tenderia mais a ver a flecha no sentido inverso: a intensificação dos novos modos de avaliação individualizada contribui, me parece, para degradar as relações de solidariedade e ajuda mútua em proveito da concorrência e da desconfiança entre aqueles que trabalham.

Pergunta: Qual forma de avaliação o senhor preconiza, tendo em vista as várias críticas que formula contra as formas atuais? E ainda: em sua opinião, quais são os critérios que podemos ou devemos levar em conta para avaliar o trabalho administrativo?

C. Dejours: Penso que o trabalho administrativo está sendo submetido à discrepância existente entre o prescrito e o efetivo, como ocorre com todas as outras formas de trabalho. As administrações públicas e privadas têm um memorial descritivo, mas, na prática, são obrigadas a fazer ajustes em relação às prescrições. Todos os problemas que mencionei a respeito da produção industrial ou da manutenção são exatamente análogos na administração, e nas atividades de serviços. Para poder fazer progredir a avaliação do trabalho administrativo, é preciso conhecer melhor esse trabalho específico, e ter condições de caracterizar melhor o desafio que enfrentam aqueles que trabalham na administração.

Uma avaliação conveniente é, fundamentalmente, a que leva em conta a análise das dificuldades que as pessoas encontram no trabalho. Portanto, de uma maneira ou de outra, a avaliação supõe que certo número daqueles que trabalham numa administração consintam com um outro tipo de trabalho, que é precisamente o de tentar elucidar as dificuldades que encontram em seu próprio trabalho. É evidente que é devido a essas dificuldades que se pode apreciar o esforço e a contribuição de cada um. Não somente é possível estudar isso no nível individual, mas também ver como, coletivamente, os profissionais da administração lidam com essas dificuldades, esses ajustes etc. Para a administração, como para as outras atividades, penso que é preciso levar em conta a análise do trabalho, o que implica reunir coletivos. Quem participa desses coletivos? Nem todo mundo, porque não é todo mundo que pode ou tem vontade de se envolver nessa investigação. Os coletivos que podem ser constituídos para tentar pensar o próprio conteúdo que deve ser avaliado dependem de recrutar e constituir grupos de trabalho, de encontrar pessoas que têm um verdadeiro interesse, uma verdadeira curiosidade em elucidar sua própria relação com o trabalho. Alguns não têm vontade disso, o que é perfeitamente legítimo. Mas para se ter acesso à parte invisível do trabalho, é preciso passar pela fala das pessoas, e essa fala tem que ser autêntica. Ora, isso é arriscado. Posso parecer um pouco dramático, mas acho que não se deve suavizar as dificuldades. Falar do seu trabalho é perigoso. Quando você fala do que sabe fazer, dos seus talentos e proezas, você mostra também o que não sabe fazer, evidentemente, já que é preciso mostrar como se dá o encontro com o real, quais são os obstáculos e por que você sofre quando não consegue resolver tal ou tal problema. Mas ao mesmo tempo, você mostra suas incompetências. Falar do trabalho é falar dos seus fracassos, de incompetência e perplexidade. O risco é que, num contexto de deslealdade, alguém faça uso contra você de tudo o que você disse. Portanto, para ousar falar, é preciso ter vontade verdadeiramente. Para obter uma fala que seja verdadeiramente aquela que nos dá acesso à parte invisível do trabalho, são necessárias palavras autênticas. E a autenticidade das palavras só pode ser garantida pelo voluntariado das pessoas. Portanto, é preciso achar grupos de voluntários interessados nessa questão. Nem todo mundo é voluntário e isso é perfeitamente legítimo.

Quero precisar que não se pode falar do trabalho administrativo como de uma entidade. Na administração existem profissões muito diversas, bem diferentes umas das outras. E todas essas profissões evoluem com a introdução das novas tecnologias, com as novas formas de gestão. Temos, portanto, que admitir que essa diversidade e essa evolução impliquem a realização de novas investigações sobre o trabalho efetivo dos agentes da administração.

Hoje em dia, com a evolução muito rápida das profissões e sua obsolescência muito rápida também, praticamente não se tem mais profissões estáveis. Antigamente, na agricultura, havia profissões estáveis. Durante séculos as pessoas trabalhavam mais ou menos da mesma maneira. Havia sem dúvida ajustes e transformações, mas numa cadência tal que se tinha tempo de integrá-los ao longo das gerações. Hoje, você tem profissões que duram apenas cinco ou dez anos! Novas profissões aparecem. A cidade é certamente um dos lugares onde isso é mais patente, mais evidente: mais de cinqüenta novas profissões foram recenseadas. Você tem profissões do tipo *femme-relais*,[5] mediador etc. O que é uma *femme-relais*? Uma *femme-relais* é

---

[5] Femme-relais é um termo utilizado para caracterizar trabalhadores, em sua quase totalidade, mulheres, que desempenham um trabalho social nas periferias das grandes cidades na França, principalmente junto à população de imigrantes [N.T.]

colocada num determinado lugar, diante de um objetivo. Muitas vezes esse objetivo tem relação com o problema da violência social: Como enfrentar a violência? Como enfrentar a violência nas plataformas das estações ou nos trens da periferia, quando se é agente da rede ferroviária. A profissão de agente ferroviário não é a mesma de antigamente, e evolui muito depressa. Trabalhar é também enfrentar a violência. Pede-se a eles inclusive que previnam a violência. Como se faz isso? Eu não sei. É preciso perguntar diretamente àqueles que encontram a violência em seu trabalho quotidiano. Estamos diante de novas tarefas. A violência social se desenvolve rapidamente, em parte por causa do trabalho, aliás, por causa das novas formas de organização do trabalho: a flexibilidade, a avaliação individualizada dos desempenhos e as demissões; a seleção científica dos melhores e o afastamento dos "menos bons"; tudo isso está envolvido por esses métodos de avaliação. Insisto nessa novidade porque acho que não se trata de um epifenômeno, de um simples momento da história do trabalho, mas que muito provavelmente estamos engajados numa aceleração das transformações do trabalho.

Acho que no que diz respeito à avaliação isso implica dar um passo a mais: recorrer à intervenção de pesquisadores, quer dizer, de pessoas especializadas na maneira de investigar, de interpretar o que as pessoas contam de sua experiência do trabalho. Para isso precisa-se de pessoas, porque a palavra não dá diretamente acesso ao não visível. Só o fato de falar não desbloqueia obrigatoriamente a situação. Caso não se tome cuidado, é muito fácil criar situações em que as pessoas falam para não dizer nada. É por isso que é muito importante ter voluntários. Mesmo assim, para que essa fala verdadeiramente dê acesso ao conhecimento do trabalho, é preciso que se possa alcançar o momento em que a palavra revela ao próprio sujeito que está falando coisas que ele não sabia antes de tê-las dito, pois ocorre que falar a alguém é o meio mais poderoso de se pensar. Essa pessoa fala do seu trabalho: "Há mais de vinte anos que faço isso, e ainda não tinha entendido tudo que isso implica. Pronto, agora entendi". Percebem essa espécie de milagre da palavra? Como isso funciona? Para que funcione não basta falar, é preciso falar para alguém. É preciso alguém para escutar. Portanto, o avaliador tem que ser alguém que saiba escutar. Acontece que, geralmente, os avaliadores não escutam. Já sabem as respostas que estão esperando. É uma situação absurda, muito difícil de suportar: "Ele me faz uma pergunta e já sabe, *a priori*, a resposta que espera". É paralisante. A boa avaliação é aquela que consiste em escutar pessoas falarem de coisas que eu próprio não conheço. Portanto, devo começar reconhecendo que não sou um perito, que devo renunciar à posição de perito para escutar.

Escutar é muito difícil porque preciso admitir que não sei a resposta à pergunta que faço, ou que não conheço os conteúdos do que estou tentando explorar. Vai funcionar se houver uma eqüidade entre a fala e a escuta. Falar da verdade do seu trabalho é muito arriscado. O pesquisador que conta o que faz, o psicanalista que diz como trabalha com seus pacientes, expõe-se antes de mais nada a olhares críticos. Nas escolas de psicanálise isso é perigoso, pois os colegas estão prontos para passar a perna em você. São benevolentes com os pacientes, mas raramente com os colegas. Cabe ao pesquisador inventar idéias, mas cada vez que ele tem alguma idéia nova, todo mundo está de acordo para contestá-lo, ou até mesmo para impedi-lo de ir em frente. É um paradoxo: o pesquisador que encontra alguma coisa une todos contra ele porque, ao mesmo tempo, vai deslocar o poder, a imponência e o prestígio daqueles a quem está mostrando que achou algo que os outros não acharam. É fácil perceber a dificuldade. A benevolência é algo complicado. Pode ser adquirida, conquistada, mas é muito difícil.

Esse poder da palavra que, finalmente, revela a face desconhecida do trabalho, só se torna efetivo se existir uma eqüidade entre aquele que assume riscos ao falar e aquele que assume riscos ao escutar. O risco que se assume ao escutar é ouvir. Evidentemente, o gestor não ouve nada, o avaliador não ouve nada, se o que deve fazer são cruzes num papel, respondendo alternativas. Estou caricaturando um pouco, mas muitas vezes a avaliação não passa disso.

Como pesquisadores, somos levados inevitavelmente a avaliar outros pesquisadores. Faço parte de uma comissão de avaliação. Estou cheio de boas intenções, leio o dossiê, escuto a pessoa, escuto de verdade. E aí, de repente, ouço! E o que ela diz põe em questão meu saber. Esse é o risco quando se ouve. O risco de ouvir é que você pode se desestabilizar, quer dizer, que é você que se sente mal após ter ouvido. Mas quando está numa disposição de escuta, em que você assume um risco equivalente ao daquele que fala, então este vai falar verdadeiramente. É preciso aprender a assumir essa posição que é efetivamente um risco. Garanto a vocês que a cada nova pesquisa, tudo o que a gente pensa saber sobre o trabalho pode ser abalado. De repente a gente percebe que passou ao lado de coisas que não conhecia, e que é preciso rever tudo. Se avaliar é saber escutar a fala sobre o trabalho, devemos então admitir que se trate de uma profissão em si, sobretudo nas situações profissionais que sofrem fortes reestruturações. Até certo ponto, a profissão da avaliação assemelha-se à de um pesquisador em ciências do trabalho. Isto posto, quando se vê o número de consultores que são utilizados, chamados ou pagos pelas empresas, acho que se poderia recorrer a pesquisadores. Os pesquisadores não custam muito, com certeza relativamente menos do que um consultor. Acho que se pode integrar aos dispositivos de avaliação pesquisadores cuja profissão é justamente escutar o trabalho. Atenção, trata-se de escutar o trabalho, a experiência do trabalho, não de escutar o Édipo — isso é melhor fazer em outro lugar, não no trabalho.

Pergunta: A sua palestra evidencia algo não muito otimista. Não será o reflexo mais amplo do que acontece na sociedade, e não somente no trabalho?

C. Dejours: Dizer que não sou otimista... Fico embaraçado, evidentemente. Faço pesquisas há trinta anos, portanto, vi a evolução do mundo do trabalho. Sendo psicopatologista, estou do lado dos médicos, dos psiquiatras, dos médicos do trabalho e, obviamente, estou um tanto estarrecido com o que está acontecendo. Embora estejamos muito mais ricos do que no passado, embora tenhamos muito mais meios técnicos que nos permitiriam ajustar a relação entre trabalho e saúde mental, as coisas se deterioram. É uma decepção!

O trabalho gera hoje em dia muitas situações trágicas, inclusive suicídios. O trabalho pode provocar o pior, mas pode gerar o melhor, e é por isso que não sou completamente pessimista. Existem compromissos no trabalho graças aos quais alguns de nós, quando trabalhamos, nos sentimos melhor do que quando não trabalhamos. Apesar da dimensão estratégica do trabalho e dos objetivos de eficiência, é possível encontrar compromissos favoráveis à saúde. Sabemos disso. É algo que se pode argumentar, ilustrar clinicamente e demonstrar. Portanto, não estou fundamentalmente pessimista, pois acredito que se o trabalho evolui como evolui, se participamos dessas avaliações individualizadas que não são a verdade de nossa relação com o trabalho, quer dizer que nos submetemos a isso. É possível aceitar ou não aceitar. Pode-se eventualmente preconizar outras maneiras de agir, e portanto, nem tudo está perdido. Felizmente, isso depende em parte de nós. Quero lembrar que nenhum sistema, nenhuma organização, nenhuma empresa funciona sozinha. Não há sistema nem mercado que funcione automaticamente. O ponto de vista funcionalista não se sustenta. É o que faz o interesse da referência ao real do trabalho e daquilo a que a análise do trabalho dá acesso. Se as pessoas fizessem o que é pedido a elas, ou seja, obedecessem por não poder se esquivar, a coisa não funcionaria. Funciona porque vocês acrescentam a sua inteligência, até mesmo o seu entusiasmo. Portanto, funciona porque vocês agem com zelo com relação à avaliação. E isso é terrível. Pedem um relatório de atividade e vocês o fazem. E então se submetem a esse jogo que consiste em mostrar que vocês fazem coisas geniais. Fiz uma conferência no INRA! E daí? Vai ser mencionado no relatório de atividade do laboratório porque a gente pensa que é preciso valorizar. Então a gente faz isso. Se eu não fizer isso, tenho uma nota ruim e, portanto, problemas. Então, faço, apesar de tudo.

Será o reflexo da sociedade ou o reflexo do trabalho? Chegamos com isso a uma questão capital que vou apenas esboçar. Pessoalmente, defendo a tese segundo a qual não é uma evolução da sociedade que está repercutindo dessa maneira sobre o mundo do trabalho e da avaliação. Penso exatamente o contrário: que o mundo do trabalho é o lugar onde se faz a experimentação social. É a tese da centralidade do trabalho. No trabalho, posso aprender o pior. Por exemplo, em nome da avaliação individualizada dos desempenhos e da ameaça de demissão, posso passar a perna no meu colega até ele cair, para que não seja eu a cair. Posso passar a ele informações errôneas, ou sabotar sua conferência para que receba uma nota ruim.

Mas o trabalho é também o lugar onde posso aprender uma coisa absolutamente fundamental: a cooperação, a trabalhar com os outros. A cooperação não é algo que se decreta. O que se decreta é a coordenação, a ordem de trabalhar em comum, mas na prática, como se procede? Encontramos novamente o prescrito e o real. É preciso, para cooperar, reinventar as regras do trabalho. Se entrarmos no detalhe da construção das regras do trabalho, constatamos que envolvem discussões que não são puramente técnicas, mas que implicam regras de viver junto, a manutenção do meio social, do meio de vida no qual estamos inseridos para poder trabalhar. E para isso preciso compartilhar com os outros meu ponto de vista sobre o trabalho, defender certo número de posições que não são iguais às do meu colega, que não são iguais às das mulheres. Quando discuto com mulheres a organização do meu trabalho no meu laboratório, seu ponto de vista é diferente do meu, e evidentemente tem fundamento. Elas precisam cuidar das crianças muito mais do que eu, apesar dos meus bons princípios — porque obviamente li as feministas há muito tempo — que não cumpro. Simplesmente a diferença é que, quando as mulheres falam, eu escuto. Algumas vezes também ouço. Isso não me facilita a vida. Quando volto para a minha casa, a situação fica um pouco mais complicada com a minha família, caso queira me manter coerente com o que compreendi.

Para construir uma cooperação é preciso encontrar compromissos entre as opiniões de uns e outros sobre o trabalho. Estou falando de opiniões, ou seja, de argumentos que não são exclusivamente técnicos, mas mesclados de referências à moral, aos valores, idade, sexo, interesse, desejo, saúde mental... Assumir compromissos, construir acordos, e depois acordos normativos, elaborar então regras de trabalho, e enfim regras de profissões é uma experiência extraordinária. Supõe ter a coragem de falar e de aprender a falar com os outros, se fazer compreender por eles, tornar inteligível para eles aquilo que não se vê. É também preciso escutar os outros. Enfim, é necessário se dispor a abrir mão de certas coisas para, juntos, conseguir encontrar um acordo. O trabalho é de fato o lugar onde se aprende o melhor, ou seja, a atividade deontológica, a produção das regras, e finalmente o próprio exercício da democracia. Portanto, não existe neutralidade do trabalho em relação ao político. Na empresa, você aprende o pior (a duplicidade, a mentira, a dissimulação, a manipulação) ou o melhor. Não acredito que as relações de trabalho sejam um reflexo da sociedade; acho o contrário, que é a sociedade que é transformada pelo que apreendemos ou desaprendemos no trabalho. É essa a minha posição sobre a centralidade do trabalho.

Pergunta: Será que os efeitos perversos citados são realmente devidos exclusivamente à avaliação, ou então decorrem da pressão difusa, e muitas vezes interiorizada pelos indivíduos, em direção a uma maior produtividade e a mais legibilidade e utilidade sociais? Não poderia a avaliação, ao contrário, permitir gerir essas pressões ao contribuir com uma discussão dos objetivos, e somente então dos resultados?

Fundamentalmente, a avaliação remete a um sistema de valores coerente, universal e aceito. Será que não há aqui uma primeira dificuldade, já que estamos numa sociedade em que se manifestam certo relativismo dos valores — tudo tem o mesmo valor — e uma ampla diversidade axiológica e cultural? Seja isso do nosso agrado ou não, os únicos valores atualmente admitidos não são aqueles gerados pela economia de mercado e que pesam na maneira como os indivíduos vivem nas empresas?

C. Dejours: Temos aqui uma questão de fundo que ultrapassa amplamente o problema da avaliação. Não me oponho a entrar nesse assunto, mas não deixa de ser um pouco diferente. Trata-se da relação entre o exterior e o interior; entre a pressão, a força da sociedade, e o que ocorre internamente, a maneira como as pessoas constroem finalmente seu comportamento ou sua conduta. A pressão de um lado e a interiorização do outro. É verdade, devo reconhecer, que estou em desacordo com a concepção, com as grandes noções que pesam muito, de fato, na tradição sociológica. Obviamente não se trata de negar que existem pressões, constrangimentos, uma autoridade, às vezes até o uso de métodos muito constrangedores; que existem relações de força e sobretudo uma dominação. Certamente, não nego isso. Ao contrário. É a interiorização que nego, que contesto, ou mais exatamente que questiono. Não acho que as pessoas interiorizam as coisas assim tão facilmente. Perdoem-me, mas sou psicanalista, portanto clínico. A experiência nos ensina que é muito difícil fazer alguém mudar psicologicamente. Até mesmo quando as pessoas têm vontade de mudar elas não conseguem. É isso, a psicanálise. Algo resiste. Algo em mim resiste a mim mesmo. Isso é a descoberta fundamental do inconsciente: a experiência de que não nos pertencemos, de que não somos mestres em nossa casa.

Ouvir dizer que do exterior alguém vai influenciar o pensamento e que este, finalmente, vai interiorizar essa influência me deixa cético. Não pretendo eliminar a questão, mas acredito que a interiorização é uma pergunta, não uma resposta. Como é possível fazer passar algo que está no exterior para o interior, para que no final das contas essa coisa seja capitalizada na forma de uma conduta? É um problema sério, muito complicado e sobre o qual trabalho, evidentemente. Pessoalmente acho que o trabalho é justamente uma oportunidade decisiva, patética também sob certos aspectos, de pôr a si mesmo, a sua personalidade, à prova no mundo social, da dominação. Trabalhar é ser obrigado a enfrentar efetivamente a dominação, *via* uma atividade. Pode-se sair mudado dessa experiência, mas então, não deixa de ser a própria pessoa que está transformada. Não somente a pessoa trabalhou, mas transformou a si mesma, e isso tem um preço alto. As pessoas têm um mérito considerável quando são capazes de mudar.

As coisas mudam um pouco quando se começa a considerar a interiorização levando em conta a criança, o que infelizmente, me parece, as teorias sociais, inclusive as teorias da ação, deixam de fazer sistematicamente. O que a teoria social não pensa é que, antes de sermos adultos, fomos todos crianças. O que caracteriza a criança é que ela se encontra numa situação de desigualdade em relação ao adulto e que conhece a dominação. De início sofremos a dominação. Evidentemente é muito interessante ver como isso ocorre concretamente na infância. Sim, coisas importantes ocorrem na infância, mas, além disso, e ao contrário do que se pensa, a gente não se livra assim tão facilmente da própria infância. Uma teoria social que levaria em consideração a infância suporia que se considerasse a interiorização, mas dessa vez pela via dos pais na relação entre o adulto e a criança. Segundo vias que nada têm a ver com uma impregnação passiva. Mas não posso desenvolver aqui esse ponto que exige a mobilização de todo um arsenal conceitual. Pessoalmente, penso que as pessoas não interiorizam passivamente e que, no fundo, quando aceitam a avaliação, quando se submetem a ela, é porque estão fundamentalmente consentindo. Quando se faz a volta pela infância e pelos traços que a infância deixa no adulto, é possível acessar uma inteligibilidade totalmente diferente do consentimento e da renitência.

Acredito que a batalha da avaliação, de certa maneira, foi ganha pelos gestores. É verdade que o mundo do trabalho, sinto muito ter que repetir, se degrada do ponto de vista humano, do ponto de vista afetivo. É verdade que a relação entre a afetividade, a subjetividade e o trabalho se degrada. É assim. Perdemos a partida. Quando a gente perde uma partida, não age da mesma maneira como se a tivesse ganhado, ou como se a partida ainda não estivesse perdida. Após ter-se perdido uma batalha, inicia-se a resistência. Consentimento de um lado, resistência do outro. Quais são seus apoios psicológicos? Qual é o lugar do trabalho e do encontro com outrem no trabalho, no que diz respeito à resistência e ao consentimento?

Será que resistimos à avaliação da melhor maneira que poderíamos fazer? Não estou certo disso. Não o fazemos porque não temos certeza de que seja legítimo. A maior parte de nós acredita que a avaliação é justa, que é de uma total objetividade. Temos isso na cabeça. Acreditamos nisso, não nos foi imposto. Certamente, precisaria lembrar o que nos foi ensinado na escola. Mas a maioria de nós pensa que tudo neste mundo é avaliável. Eu nunca vi uma dor de dente, nunca vi uma angústia, nunca vi seus sonhos, nunca vi o amor. O amor não se vê. Ora, só é avaliável quantitativamente o que pertence ao mundo visível. No final das contas, o essencial da vida não é visível, a menos que a vida seja resumida à fisiologia, o que já é muito importante. A vida é essencialmente aquilo que se experimenta dentro de si. Tocamos aqui em problemas muito sérios, problemas de fundo. Penso que não resistimos efetivamente à avaliação porque a maioria de nós não entendeu — fizeram o necessário para que a gente não entenda, concordo, mas afinal vocês são pesquisadores e, portanto, pessoas capazes de criticar, de pensar — que é preciso verdadeiramente questionar se aquilo que consideramos como o trabalho e a subjetividade é passível de avaliação.

Chegamos na questão dos valores. Se deixarmos de acreditar na pertinência desses métodos de avaliação, quem sabe colocaremos menos entusiasmo na sua aplicação; quem sabe deixarão de funcionar tão bem, ou até mesmo serão postos de lado? De fato, dá perfeitamente para imaginar. Mas digo claramente a vocês: a responsabilidade dos pesquisadores é nesse caso capital. A generalização das formas atuais de avaliação no mundo do trabalho está estreitamente ligada ao prestígio que a pesquisa científica confere à avaliação quantitativa. É indiscutível. São os pesquisadores, os cientistas que pensam que tudo pode ser avaliado quantitativamente, e que aquilo que não é avaliado está no campo do obscurantismo. Portanto, é preciso que os pesquisadores, em particular os que tratam do trabalho, façam o seu trabalho, que é justamente mostrar que nem tudo é avaliável quantitativamente. Se nós, pesquisadores, começarmos a pôr em dúvida que tudo seja avaliável quantitativamente, os métodos de avaliação que estão na moda vão cair por si só. Bastará que em dois ou três lugares estratégicos as pessoas comecem a dizer: "A avaliação, pode ser que não seja algo tão objetivo quanto se acredita", e acabou. O prestígio da ciência se apóia na convicção comum de que tudo é avaliável quantitativamente. Avalia-se qualquer coisa. Em particular no campo da saúde mental, avalia-se a dor, a depressão, a angústia, a "tensão". Que maluquice é essa? Eu nunca vi os seus sonhos. Tem que se refletir sobre isso. Só posso acreditar que vocês sonham porque eu mesmo já sonhei. Se eu nunca tivesse sonhado, não poderia admitir a realidade dessa experiência. Vocês nunca me mostraram um dos seus sonhos. Nunca terei acesso a eles. Está ocorrendo nesse momento uma batalha muito dura no plano científico para decidir se o sonho pode ser objetivado. Impossível! Não é passível de objetivação. Esses debates científicos são importantes.

Quanto à deriva dos valores para a economia de mercado, pode-se dizer que sim. Indubitavelmente. Infelizmente, sou obrigado a constatar que existe uma mudança de rumo dos valores, uma perplexidade considerável sobre o que são os valores. Para mim, não há contestação possível: o único valor importante é a vida. Não só a vida biológica mas também o que é experimentado dentro de si. É isso que estamos perdendo. E acho que não há nenhum motivo para deixar essa deriva prosseguir.

Respondendo à primeira pergunta — Será que os efeitos perversos das novas formas de avaliação e gestão se devem exclusivamente à avaliação? — não. A avaliação é um procedimento poderoso que midiatiza os efeitos perversos do utilitarismo e da racionalidade cognitiva instrumental. E você tem razão. Nem todas as avaliações estão condenadas a produzir apenas efeitos perversos. É a exaltação da avaliação quantitativa e objetiva que é deletéria. Outras formas de avaliação são possíveis: as que outorgam um lugar à deliberação no sentido aristotélico do termo e que, acredito, podem ter efeitos estruturantes sobre os esforços de justiça no mundo do trabalho.

Quanto à segunda pergunta, tentei responder, de maneira sumária, sem dúvida. O relativismo axiológico pode ser combatido se houver firmeza quanto aos valores indiscutíveis. Os valores promovidos pela economia de mercado só são respeitáveis se for levada em consideração a análise dos conflitos de valor e dos conflitos de racionalidade que eles geram. Lembro que não há antagonismo nas contradições entre racionalidade teleológica, ou seja, racionalidade em relação aos critérios de eficácia, e racionalidade relativa à proteção da realização de si, ou seja, relativa aos critérios de saúde. A eficácia do trabalho de produção é compatível com a saúde dos que trabalham, como mostram as situações em que — segundo sugere o ditado — "trabalho é saúde". São situações que podem ser estudadas clinicamente e cuja análise leva a descobrir os compromissos que permitem superar os conflitos da racionalidade.

Para responder à pergunta que me foi colocada, é preciso dizer que, com base na experiência clínica adquirida durante trinta anos, esses compromissos são efetivamente difíceis de ser construídos e mantidos. No entanto, não se trata de uma quimera ou de um devaneio de psicanalista. Essas situações continuam existindo, e existiam também no passado. Quanto ao futuro, a construção dos compromissos adequados entre saúde e trabalho, e entre trabalho e democracia, depende principalmente da nossa capacidade de levar a sério essa questão e de não delegá-la a especialistas ou peritos. Ou seja, de zelar pelo que não nos foi pedido.

Referências Bibliográficas

ANSCOMBE, G. Under the Description. In THE COLLECTED philosophical papers, vol. 2. (Metaphysics and the Philosophy of Mind). Oxford Basil Blackwell. 1979.

ARENDT, H. As origens do totalitarsmo. São Paulo: Companhia das Letras, 2006. (Arendt H., 1951. The Origins of Totalitarism (Harcourt, Brace and World Inc. New York). Tradução francesa: Le système totalitaire. Les origines du totalitarisme, Éditions du Seuil, Paris, 225 p.)

ASMT. Souffrance et précarités au travail, Paroles de médecins du travail, ouvrage collectif, Syros / La Découverte, Paris, 1994. 357 p.

BALACZ, G. & FAGUER, J.P. Une nouvelle forme de management, l'évaluation. Actes de la recherche en sciences sociales, 1996. 114, 68-78.

BÖHLE, F. & MILKAU, B. Vom Handrad zum Bildschirm, Campus. Institut für Sozialwissenschaftliche Forschung e.v. ISF München. 1991

BOURDIEU, P. Os usos sociais da ciência: por uma sociologia clínica do campo científico. São Paulo: Unesp, 2004. (Bourdieu, P. 1997. Les usages sociaux de la science. Coll. "Sciences en questions", INRA Editions, Versailles, 80p.)

BOUTET, J; FIALA, P. Sociolinguistique ou sociologie du langage? 344, 68-85. S.l.: Critique, 1976

BOUTET, J. Travail sémiotique dans le dialogue. Communication no Colóquio de análise das interações, Aix-en-Provence, setembro 1991. Texto mimeografado, 14 p. In BOUTET, J. (sob a direção de), Paroles au travail. Paris: L'Harmattan,1995. 268 p.

CLOT, Y; FAITA, D. Genre et style en analyse du travail. Concepts, Méthodes. Travailler, 2000. 4, 7-42.

CORIAT, B. L'atelier et le chronomètre. Paris: Christian Bourgois éditeur, 1979. 300p.

CROZIER, M; FRIEDBERG, E. L'acteur et le système. Paris: Éditions du Seuil, 1977.

DANIELLOU, F; TEIGER, C; DESSORS, D. Formation à l'analyse de l'activité et rapport au travail. In DEJOURS, C. (sob a direção de), Plaisir et souffrance dans le travail, Tomo I, 77-94, , Paris: Edição CNAM, 1988.

DEJOURS, C. A loucura do trabalho, São Paulo: Cortez, 2003. 168p. (Dejours, C. Travail : usure mentale, Essai, Éditions du Centurion, Paris; 2000, Bayard, Paris, 150p.)

DE LACOSTE-LAREYMONDIE, F. De Enron à Worldcom: la débâcle de la confiance. Liberté politique, 21, 11-23. 2003.

DELBOS, G; JORION, P. La transmission des savoirs, Col. "Ethnologie de la France". 310 p. Paris: Éditions de la Maison des sciences de l'homme, 1984.

DESSORS, D; JAYET, C. Méthodologie et action em psychopatologie du travail (A propôs de la souffrance dês groupes de ré-insertion médico-sociale). Prévenir, 20, 31-43. 1990.

DÉTIENNE, M; VERNANT, J.P. Les ruses de l'intelligence. La métis chez les Grecs. Paris: Flammarion, 1974.

DODIER, N. Exploits, protestations, expertises : les formes d'expression de l'impératif de sécurité dans une entreprise..Prévenir, 1989. 19, 71-88.

DODIER, N. Les hommes et les machines. Toward New Political Economy Tools, The french Case. Services industries Journal, 19. Paris: Éditions Métaillé, 1995.

DU TERTRE, C. Intangible Interpersonal Services. Adjointment and Reduction of Working Hours: Toward New Political Economy Tools. Service Industries Journal. V 19, No. 1. January, 1999.

DU TERTRE, C. Artt, Services en nouveau régime de croissance. La Revue de la CFDT, 32. 19-23. 2000.

DU TERTRE, C. Activités immatérielles et relationnelles : quels nouveaux enjeux pour les secteurs et les territoires. Géographie, Économie et Société, 4, 181-204. 2002.

DURAND, M. Grain de sable sous le capot. Montreuil. Éditions La Brèche – PEC, 1990. 26-38.

ESTADOS UNIDOS. Diagnostic & Statistical Manual of Mental Disorders. 1994.

GOFFMAN, E. A representação do eu na vida cotidiana. Petrópolis: Vozes, 2006. (Goffman, E. 1973. Mise en scène de la vie quotidienne I. La présetation de soi, Éditions de Minuit, Paris.)

GOLLAC, M; VOLKOFF, S. Citius, altius, fortius – L'intensification du travail. Actes de la recherche en sciences sociales, 114, 54-67. [S.l. S.n.] 1996.

HENRY, M. 1973. Le concept de l'être comme production. In: HENRY, M. Vie et révélation, 21-46. Publications de la Faculté de Lettras et de Sciences humaines de l'Université Saint-Joseph: Beyrouth, 1996.

HIRATA, H; KERGOAT, D. Rapports sociaux de sexe et psychopatologie du travail. In.DEJOURS, C. (sous la direction de), Plaisir et souffrance dans la travail, Tome II, 131-176; Paris: Édition CNAM, 1988.

INRA, Secrétariat général à l'évaluation. Projet d'Évaluation des ingénieurs. Période d'apprentissage 2001-2002, documento mimiografado, 20.12.02, p.6.

LAVILLE, A; DURAFFOURG, J. Conséquences du travail répétitif sous cadence sur la santé des travailleurs et les accidents, Relatório no 29 do Laboratório de Fisiologia do trabalho e ergonomia. Paris: CNAM, 1973.

LHUILIER, D. Des déchets et des hommes. Desclée De Brouwer, 184 p. Paris: S.n., 1999.

LINHART, R. Lénine , les paysans, Taylor. 172p. Paris: Editions du Seuil, 1976.

LINHART, R. L'établi.Paris: Editions de Minuit, 1978.

LLORY, M. Accidents industriels: le coût du silence. 360 p. Paris: L'Harmattan, 1996

LLORY, M; LLORY, A Descrption gestionnaire et description subjective: des discordances (le cas d'une usine de montage automobile). Revue Internationale de Psychosociologie, 5, 33-52. 1997.

MARBACH, V. Évaluer et rémunérer les compétences. 193 p. Ed. d'Organisation, 2000.

MERCHIERS, J. A-t-on besoin de compétence pour travailler? 4, 43-71.Travailler, 2000.

MOLINIER, P. Féminité et savoir-faire discrets. In Actes du Colloque International de Psychodynamique et Psychopathologie du travail. Laboratoire de psychologie du travail du CNAM. Tome II, 335-348. 1997.

MOLINIER, P; SCHELLER, L; RIZET, C. Enquête de psychodynamique du travail auprès des cadres infirmiers et des cadres supérieurs infirmiers de L'AP-HP, Convention AP-HP/CNAM, mimeografado (Relatório confidencial), 1998.

MOLINIER, P; SCHELLER, L; RIZET, C. Enquête de psychodynamique du travail auprès des adjoints cadres techniques et des ingénieurs subdivionnaires de L'AP-HP, Convention AP-HP/CNAM, mimeografado (Relatório confidencial), 1999.

MOLINIER, P. Travail et compassion dans le monde hospitalier. Les Cahiers du Genre. La relation de service: regards croisés, 28, 49-70. 2000.

MONOD H; LILLE F. et al., 1976. L'évaluation de la charge de travail, Arch. Mal. Prof., 37, 1-96. 1986

NICOURT, C. Entre archaïsme et modernité, le coût humain du travail des agriculteurs dans les exploitations familiales. Le travail humain. 62, 155-171. 1999.

PINTO, J. Une relation enchantée : la secrétaire et son patron. Actes de la recherche en sciences sociales, 84. 1990.

PORCHER, J. Éleveurs et animaux, réinventer le lien, Col. "Partage du savoir", Lê Monde 301 p. Paris: PUF, 2002.

REYNAUD, J.D. Les règles du jeu, l'action collective et la régulation sociale. Paris: Armand Colin, 1989.

ROELENS, N. Intoxication productiviste et déshumanisation des rapports humains. Une psychologue du travail analyse les causes de son épuisement professionnel. Travailler, 4, 93-122. 2000.

ROQUEPLO, P. Entre savoir et décision, l'expertise scientifique, Col. Sciences en questions, 112p. Versailles: INRA Editions, 1997.

SALMONA, M. Les paysans français. Le travail, les métiers, la transmission des savoirs. 2 tomos, Paris: L'Harmattan, 1994.

SCHWARTZ, Y. Expérience et connaissance du travail. 745-792. Paris: Éditions Messidor, 1988.

SIGAUT, F. Folie, reel et technologie. 15, 167-179. Techniques et culture, 1990.

SIGAUT, F. Aperçus sur l'histoire de la technologie en tant que science humaine. Actes et communications. 6, 67-79. Paris: INRA, 1991.

SMITH, A. A riqueza das nações. 3ª Ed. São Paulo: Hemus, 2008.

SUPIOT, A.Le travail, liberté partagée. Droit social, 9/10, 715-724. 1993.

SUPIOT, A. Critique du droit du travail. 280 p. Paris: PUF, 2002.

TOWARD New Political Economy Tools, The French Case. Services Industries Journal, 19.

WISNER, A., 1986. Textes généraux IV (1981-1985). Ergonomie, travail mental, santé au travail. Coleção Ergonomie et Neurophysiologie, no 84, Ed. CNAM, Paris,

Para saber mais

DEJOURS, C.; VEIL, C.; WISNER, A. (orgs.). Psychopathologie du travail. Paris: Entreprise Moderne d'Edition, 1985.

DEJOURS, C. (org.) "Plaisir et souffrance dans le travail". Séminaire Interdisciplinaire de Psychopathologie du Travail. Paris: Edition AOCIP, 1988.

DEJOURS, C. A banalização da injustiça social. Rio de Janeiro: Ed. FGV, 2000. (Dejours, C. Souffrance en France. L'histoire immédiate. 2. ed. Paris: Editions du Seuil, 2000.)

DEJOURS, C. A loucura do trabalho, São Paulo: Cortez, 2003. 168p. (Dejours, C. Travail : usure mentale, Essai, Éditions du Centurion, Paris; 2000, Bayard, Paris, 150p.)

DEJOURS, C. O fator humano. 5a. Ed. Rio de Janeiro: Ed. FGV, 2005. (Dejours, C. Le facteur humain. Que sais-je? 3. ed. Paris: PUF, 2002.)